RENSHI DIZHEN CONGSHU

认识地震丛书

学校安全与地震

只有全面认识地震，才能正确地对待地震。只有了解地震的成因和分布特点，了解地震中的救护知识和地震后的防疫知识等，才能真正做好有效的防震准备，在地震来临的时候不恐慌，冷静应对。

本丛书编委会
王晖龙　原英群　李　玲◎编

世界图书出版公司
WPC
广州·北京·上海·西安

图书在版编目（CIP）数据

学校安全与地震/《认识地震丛书》编委会编．—广州：
广东世界图书出版公司，2009．9（2024.2重印）
（认识地震丛书）
ISBN 978－7－5100－0718－7

Ⅰ．学… Ⅱ．认… Ⅲ．①学校—安全管理②地震灾害—
防治—基本知识 Ⅳ．G474 P315.9

中国版本图书馆 CIP 数据核字（2009）第 146650 号

书　　名	学校安全与地震
	XUEXIAO ANQUAN YU DIZHEN
编　　者	《认识地震丛书》编委会
责任编辑	陈晓妮
装帧设计	三棵树设计工作组
出版发行	世界图书出版有限公司 世界图书出版广东有限公司
地　　址	广州市海珠区新港西路大江冲 25 号
邮　　编	510300
电　　话	020-84452179
网　　址	http://www.gdst.com.cn
邮　　箱	wpc_gdst@163.com
经　　销	新华书店
印　　刷	唐山富达印务有限公司
开　　本	787mm×1092mm 1/16
印　　张	13
字　　数	160 千字
版　　次	2009 年 9 月第 1 版 2024 年 2 月第 7 次印刷
国际书号	ISBN 978-7-5100-0718-7
定　　价	49.80 元

"光辉书房新知文库"

总策划/总主编:石 恢

副总主编:王利群 方 圆

本书作者

原英群 科普作者

王晖龙 科普作者

李 玲 科普工作者

序 言

中国是一个地震灾害极其严重的国家，国内的地震具有频度高、分布广、震源浅、强度大和成灾率高等特点。地震灾害在我国是名副其实的群灾之首，根据有关部门的统计，我国自然灾害死亡人口中，死于地震灾害的占一半以上。新中国成立以来，我国发生了多次特大地震，其中以 1976 年发生的唐山大地震和 2008 年发生的汶川大地震最为典型，都造成了巨大的人员伤亡和财产损失。地震灾害严重威胁着人民的人身和财产安全，对我国经济社会的发展也起着制约作用。

早在 1997 年，我国就制定了《中华人民共和国防震减灾法》，标志着我国的防震减灾工作已经纳入到法制化管理的轨道。在汶川大地震发生以后，吸取了地震中的经验和教训，我国又组织专家、学者对《防震减灾法》进行了较大规模的修订，新修改的《中华人民共和国防震减灾法》已由中华人民共和国第十一届全国人民代表大会常务委员会第六次会议于 2008 年 12 月 27 日通过，并于 2009 年 5 月 1 日起开始施行。从中我们可以看出国家对地震灾害的重视程度。

提高包括青少年朋友在内的广大民众的科学素养和应对灾害的能力，是我国实行科教兴国战略的具体要求，也是我们编写这套丛书的宗旨。

本套"认识地震"丛书，主要包含以下四方面的内容：

第一，普及地震常识，教给人们在地震发生时自救互救的方法。通过介绍各种避震的要诀，让人们掌握基本的避震方法，以及地震发生后的自救与互救技巧。

第二，介绍一些急救的知识，让人们学会紧急救护的方法。地震发生以后，往往会发生伤员出血、骨折等各种伤害的情况，因此，掌握特殊情况下的紧急救治措施，也是非常必要的。

第三，介绍震后的防病防疫知识，让人们能够做到自觉远离病疫。震后的灾区，面临着病疫流行的威胁，因此，针对震后灾区的防病防疫就必不可少，这也是人们应该了解的基本常识。

第四，介绍震后的心理康复知识，帮助受灾群众早日走出心理创伤的阴影。地震不仅会对人们的身体造成伤害，地震中的心灵创伤也是不可避免的，并且在很多情况下，地震灾后的心灵创伤与地震瞬时的伤害相比，要更为持久、更为严重，因此，地震灾后的心理康复问题，是所有经历地震的人们都必须经历的个人心理调适过程，也是一个包括震区在内的全社会的心理重建的过程。

目前，人类还无法完全控制地震，但只有全面认识地震，才能正确地对待地震。通过增强人们自我保护的意识，树立人们防灾害避害的信心，真有一天地震不幸来临之际，我们才有足够的知识、能力和勇气，去面对地震，并将地震可能带来的危害降到最低。

王苹

成都市社科联副主席、社科院副院长

目录｜Contents

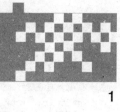

Contents 目录

引 言

作为社会中最为重要的组织机构之一，学校无疑需要承担起在校师生、员工的安全保证和安全教育的责任。除了校区日常安全管理之外，学校的防震减灾教育也不容忽视。学生的未来是从学校放飞的。然而，一旦发生地震，如果没有做好保证学校在地震中的安全的措施，就无法保证学生的人身安全，更别提给学生一个美好的未来了。

很多因素都可能导致学校在地震中的不安全。学校安全教育，尤其是地震安全教育的缺失或是不完善；学校的地震预防工作不到位，预警和应急处理能力不足；学校建筑质量上存在问题，并且缺乏应有的保障学校建筑安全的制度和机制；学校没有开展防震安全演练，或是开展的过程中存在这样那样的问题；所有的这些，都可能在地震来临的时候，让学校处于不安全的状态。

解决学校在地震中的不安全因素，就需要针对每种不安全因素的产生原因，进行有针对性的应对和处理。

在学校教育中主要增加安全教育的内容，尤其是要增加地震安

全教育的内容，处理好地震安全教育与其他安全教育内容的关系，处理好安全教育与日常教学的关系，为广大师生在地震安全教育中的角色进行定位，这是做好学校地震安全教育的必由之路，也是改变地震安全教育缺失和不尽完善的唯一途径。

加强学校的地震防御能力建设，认识其在保证学校安全中的重要性，制定和确立学校在地震预警和应急处理上的方式方法，是保证地震中的学校安全的前提条件。

地震中的学校建筑安全是无法回避的一个问题，尤其是汶川地震发生以后，人们对于学校建筑的关注明显升温，保证学校建筑在地震中的安全本身已经成长为一个专门的研究课题，引起了热烈的讨论和关注。

与地震安全教育一道，学校的防震安全演练一起构筑起保证地震中学校师生生命安全的保护伞。因此，学校防震安全演练也越来越成为保护师生安全的一把金钥匙。

另外，就如何保证学校在地震中的安全制度建设，成为保证学校、学生安全的探索方向。我国古代的地震安全制度和汶川地震后我国的地震安全制度，国外的一些经验以及专家学者在这方面的探索，都在为保证地震中的学校安全做出自己的努力尝试。

第一章

学校地震安全教育

在学校教育中增加地震安全教育的内容，处理好地震教育和其他安全教育内容的关系，处理好安全教育与日常教学的关系，为广大师生在地震安全教育中的角色进行定位，这是做好学校地震安全教育的必由之路。

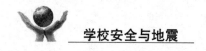

第一节 学校安全教育与日常教学

学校安全教育是学校维护教育教学秩序的保证，是保持良好的教学、科研和生活秩序，保证青少年学生安全健康成长的先决条件。学校安全教育与日常教学是相互促进的关系。

一、学校教育与公共安全教育

学校教育是指受教育者在学校里接受的教育活动，由专门机构承担并有专职人员进行教学活动，目的是通过系统的、有组织的教学过程来影响受教育者的知识技能储备、思想品德修养，帮助其建立起分析问题、解决问题的能力系统。学校教育是整个教育制度重要的组成部分，它与社会教育一起构成了教育的完整架构。一般地，学校教育中的受教育者又根据年龄和身心发展程度的不同，具体地指学龄儿童、青少年、其他年龄人群等，与之相对应，学校教育通常包括初等教育、中等教育和高等教育。

学校教育的内容是丰富的，既应该包括文化知识上的传授，也应该包括公共安全上的教育，而我们在实际中却往往忽视后者，起码是重视得不够。我们仍然可以看到全国各地学校的安全事故频频见诸报端。尤其是汶川大地震发生时，一些本来可以避免或者是可以减小伤亡情况的措施没有实行，这为我们敲响了警钟，是把安全教育纳入到学校教育范畴的时候了。

2007 年 2 月 7 日，国务院批准了教育部制定的《中小学公共安全教育指导纲要》，并要求各省、自治区、直辖市认真贯彻执行。这是我国第一次在国家层面对中小学公共安全教育提出规范的要求，为中小学公共安全教育的有效开展提供了保障和政策依据，对于推动公共安全教育进课堂起到了重要作用。《纲要》对各个不同学段的学生进行了分别对待的原则，根据其年龄及身心发展阶段的不同，具体地为小学 1 ~ 3 年级，小学 4 ~ 6 年级，初中生，高中生进行了详尽的安全教育模块设计。

学校教育中的公共安全教育，是为了培养学生的社会安全责任感，使学生逐步形成安全意识，掌握必要的安全行为的知识和技能，了解相关的法律法规常识，养成在日常生活和突发安全事件中正确应对的习惯，最大限度地预防安全事故发生和减少安全事件对中小学生造成的伤害，保障中小学生的健康成长。

二、学校公共安全教育主要内容

公共安全教育的主要内容包括预防和应对社会安全、公共卫生、意外伤害、网络与信息安全、自然灾害以及影响学生安全的其他事故或事件六个模块。重点是帮助和引导学生了解基本的保护个体生命安全和维护社会公共安全的知识和法律法规，树立和强化安全意识，正确处理个体生命与自我、他人、社会和自然之间的关系，了解保障安全的方法并掌握一定的技能。《中小学公共安全教育指导纲要》对不同学段各个模块的具体教学内容进行了方向性的规定，现列出如下：

中小学公共安全教育指导纲要
教 育 部

为进一步加强中小学公共安全教育，培养中小学生的公共安全意识，提高中小学生面临突发安全事件自救自护的应变能力，根据义务教育法、未成年人保护法、《国家突发公共事件总体应急预案》及《中小学幼儿园安全管理办法》、《教育系统突发公共事件应急预案》，特制定本纲要。

一、指导思想、目标和基本原则

（一）必须坚持以邓小平理论和"三个代表"重要思想为指导，树立和落实科学发展观，坚持以人为本，把中小学公共安全教育贯穿于学校教育的各个环节，使广大中小学生牢固树立"珍爱生命，安全第一，遵纪守法，和谐共处"的意识，具备自救自护的素养和能力。

（二）通过开展公共安全教育，培养学生的社会安全责任感，使学生逐步形成安全意识，掌握必要的安全行为的知识和技能，了解相的法律法规常识，养成在日常生活和突发安全事件中正确应对的习惯，最大地预防安全事故发生和减少安全事件对中小学生造成的伤害，保障中小学生健康成长。

（三）中小学公共安全教育要遵循学生身心发展规律，把握学生认知特点，注重实践性、实用性和实效性。坚持专门课程与其他学科教学中的渗透相结合；课堂教育与实践活动相结合；知识教育与强化管理、培养习惯相结合；学校教育与家庭、社会教育相结合；国家统一要求与地方结合实际积极探索相结合；自救自护与力所能及地帮助他人相结合。做到由浅入深，循序渐进，不断强化，养成习惯。

公共安全教育已经成为一项重要政策

1. 小学 1~3 年级的教育内容重点为：

模块一：预防和应对社会安全类事故。

（1）了解社会安全类突发事故的危险和危害。

（2）了解并遵守各种公共场所活动的安全常识。

（3）认识与陌生人交往中应当注意的安全问题，逐步形成基本的自我保护意识。

模块二：预防和应对公共卫生事故。

（1）了解基本公共卫生和饮食卫生常识。

（2）了解常见的肠道和呼吸道等常见疾病的预防常识，养成良好的个人卫生和健康行为及饮食习惯。

某小学的"安全教育大课堂"

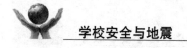

模块三：预防和应对意外伤害事故。

（1）学习道路交通法的相关内容，了解出行时道路交通安全常识。

（2）初步识别各种危险标志；学习家用电器、煤气（柴火）、刀具等日常用品的安全使用方法。

（3）初步具备使用电梯、索道、游乐设施等特种设备的安全意识。

（4）初步学会在事故灾害事件中自我保护和求助、求生的简单技能。学会正确使用和拨打110、119、120电话。

模块四：预防和应对自然灾害。

（1）了解学校所在地区和生活环境中可能发生的自然灾害及其危险性。

（2）学习躲避自然灾害引发危险的简单方法，初步学会在自然灾害发生时的自我保护和求助及逃生的简单技能。

模块五：预防和应对影响学生安全的其他事件。

（1）与同学、老师友好相处，不打架；初步形成避免在活动、游戏中造成误伤的意识。

（2）学习当发生突发事件时听从成人安排或者利用现有条件有效地保护自己的方法。

2. 小学4～6年级的教育内容重点为：

模块一：预防和应对社会安全类事故或事件。

（1）认识社会安全类突发事故或事件的危害和范围，不参与影响和危害社会安全的活动。

（2）自觉遵守社会生活中人际交往的基本规则以及公共场所的安全规范。

（3）学会应对可疑陌生人的方法，提高自我防范意识。

（4）了解应对敲诈、恐吓、性侵害的一般方法，提高自我保护能力。

模块二：预防和应对公共卫生事故。

（1）加强卫生和饮食常识学习，形成良好的个人卫生和健康的饮食习惯。

（2）了解常见病和传染病的危害、传播途径和预防措施。

（3）初步了解吸烟、酗酒等不良习惯的危害，知道吸毒是违法行为，逐步形成远离烟酒及毒品的健康生活意识。

（4）初步了解青春期发育基础知识，形成明确的性别意识和自我保护意识。

模块三：预防和应对意外伤害事故。

（1）培养遵守交通规则的良好习惯，形成主动避让车辆的意识。

（2）提高自我保护意识，了解私自到野外游泳、滑冰等活动的危害；学习预防和处理溺水、烫烧伤、动物咬伤、异物进气管等意外伤害的基本常识和方法。

（3）形成对存在危险隐患的设施与区域的防范意识，了解与学习和生活密切相关的特种设备安全知识。

（4）学会有效躲避事故灾害的常用方法和在事故灾害发生时的

自我保护和求助及逃生的基本技能。

（5）初步了解与学生意外伤害有关的基本保险知识，提高保险意识。

模块四：预防和应对网络、信息安全事故。

（1）初步认识网络资源的积极意义和了解网络不良信息的危害。

（2）初步学会合理使用网络资源，努力增强对各种信息的辨别能力。

（3）学会控制自己的行为，防止沉迷网络游戏和其他电子游戏。

模块五：预防和应对自然灾害。

（1）了解影响家乡生态环境的常见问题，形成保护自然环境和躲避自然灾害的意识。

（2）学会躲避自然灾害引发危险的基本方法。

（3）掌握突发自然灾害预警信号级别含义及相应采取的防范措施。

模块六：预防和应对影响学生安全的其他事件。

（1）形成和解同学之间纠纷的意识。

（2）形成在遇到危及自身安全时及时向教师、家长、警察求助的意识。

3. 初中年级的教育内容重点为：

模块一：预防和应对社会安全类事故或事件。

（1）增强自律意识，自觉不进入未成年人不宜进入的场所。逐步养成自觉遵守与维护公共场所秩序的习惯。

（2）不参加影响和危害社会安全的活动，形成社会责任意识。

（3）理解社会安全的重要意义，树立正确的人生观和价值观。

（4）学会应对敲诈、恐吓、性侵害等突发事件的基本技能。

模块二：预防和应对公共卫生事故。

（1）了解重大传染病和食物中毒、生活水污染的知识及基本的预防、急救、处理常识；了解简单的用药安全知识。

（2）了解青春期常见问题的预防与处理；形成维护生殖健康的责任感。

（3）了解艾滋病的基本常识和预防措施，形成自我保护意识。

（4）学习识别毒品的知识和方法，拒绝毒品和烟酒的诱惑。

（5）了解和分析影响生命与健康的可能因素。

模块三：预防和应对意外伤害事故。

（1）增强自觉遵守交通法规的意识；主动分析出行时存在的安全隐患，寻求解决方法；防止因违章而导致交通事故的发生。

（2）正确使用各种设施，具备防火、防盗、防触电及防煤气中毒的知识技能。

（3）了解和积极预防在校园活动中可能发生的公共安全事故，提高自我保护和求助及逃生的基本技能。

模块四：预防和应对网络、信息安全事故。

（1）自觉遵守与信息活动相关的各种法律法规，抵制网络上各种不良信息的诱惑，提高自我保护和预防违法犯罪的意识。

（2）合理利用网络，学会判断和有效拒绝的技能，避免迷恋网

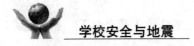

络带来的危害。

模块五：预防和应对自然灾害。

（1）学会冷静应对自然灾害事件，提高在自然灾害事件中自我保护和求助及逃生的基本技能。

（2）了解曾经发生在我国的重大自然灾害，认识人类活动与自然灾害之间的关系，增强环境保护意识和生态意识。

模块六：预防和应对影响学生安全的其他事件。

（1）了解校园暴力造成的危害，学习应对的方法。

（2）学会克服青春期的烦恼，逐步学会调节和控制自己的情绪，抑制自己的冲动行为。

（3）学会在与人交往中有效保护自己的方法，构筑起坚固的自我心理防线。

4. 高中年级的教育内容重点为：

模块一：预防和应对社会安全类事故或事件。

（1）自觉遵守与生活紧密相关的各种行为规范。

（2）了解考试泄密、违规的相关法律常识。养成维护考试纪律和规范的良好行为习惯。

（3）自觉抵制影响和危害社会公共安全的活动，提高社会责任感和国家意识。

（4）基本理解国际政治、经济、宗教冲突现象，努力维护国家和社会的稳定与团结。

（5）继承和发扬中华民族传统优秀文化，汲取其他国家文化的精华，抵制不良文化习俗的影响。

模块二：预防和应对公共卫生事故。

（1）基本掌握和简单运用突发公共卫生事件卫生应急的相关技能，进行自救、自护。有报告事件的意识和了解报告的途径和方法。

（2）掌握亚健康的基本知识和预防措施，了解应对心理危机的方法和救助渠道，促进个体身心健康发展。

（3）掌握预防艾滋病的基本知识和措施，正确对待艾滋病毒感染者和患者。

（4）自觉抵制不良生活习惯和行为，具备洁身自好的意识和良好的卫生公德。

（5）了解有关禁毒的法律常识，拒绝毒品诱惑。

（6）学习健康的异性交往方式，学会用恰当的方法保护自己，预防性侵害。当遭到性骚扰时，要用法律保护自己。

模块三：预防和应对网络、信息安全事故。

（1）树立网络交流中的安全意识，养成良好的利用网络习惯，提高网络道德素养。

（2）树立不利用网络发送有害信息或进行反动、色情、迷信等宣传活动以及窃取国家、教育行政部门和学校保密信息的牢固意识。

模块四：预防和应对自然灾害。

（1）基本掌握在自然灾害中自救的各种技能，学习紧急救护他人的基本技能。

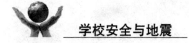

（2）了解有关环境保护的法律法规；能结合当地实际情况，为保护和改善自然环境作贡献。

模块五：预防和应对影响学生安全的其他事件。

（1）自觉抵制校园暴力，维护自己和同学的生命安全。

（2）树立正确的安全道德观念，在关注自身安全的同时，去关注他人的安全，并提供力所能及的援助。

学校在开展公共安全教育过程中要注意因地因时制宜，进行科学合理的规划，应该循序渐进地设置具体教育内容，分阶段、分模块地完成各项目标要求。同时还可以把不同学段的教育内容进行有机的整合，进行统筹安排，根据当地的具体情况，如场地特点、气候状况、学生体质特征进行有选择性的安排，可以重点突出某些类型的安全教育活动。

三、安全教育的日常化

汶川大地震发生后，举国悲痛，同时也开始了我们的反思，各地学校纷纷掀起了对安全教育进行"补课"的热潮，尤其是紧急避险疏散演习在越来越多的学校进行得如火如荼。

上课期间，一阵急促的"警报"声响起，老师们立即按照逃生应急预案的分工，组织学生按逃生线路有序地从各楼梯撤离教学楼。全体师生在几分钟之内安全撤离到空旷的校园操场上，这是发生在某个校园内的"灾难逃生"演习。面对"有序"的逃生和"高效"

的组织，我们是应该感到欣慰的，但我们不能认为这种"事后的清醒"就是真正理解了安全教育的重要性，我们更担心的是这样的演习和教育能不能成为一种学校教育的常态坚持做下去。汶川大地震后，全国各地学校的安全教育明显加强，但仔细分析却又发现一个问题，无论是地震易发地区的学校，还是地震不易发地区的学校，都在进行着地震疏散演习，这是不是有些过分功利了呢？这是不是说明我们对学校安全教育理解得还过于肤浅？

安全教育的日常化，就是要求学校在重视学生文化知识的教育过程中，也应该把安全教育当成是学校教育的重要一环常抓不懈，从教育内容到教育形式进行全面的创新和拓展，实现安全教育从国家政策到学校实践的转化。在这一过程中，学校层面的工作主要由学校校长来组织，主要是根据学校公共安全教育工作的实际情况进行具体的工作准备，并在实际教育过程中不断探索和创新。具体包括以下方面：

进行学校公共安全教育的自我诊断。对学校的公共安全教育进行全面的自我诊断，找出存在的问题，特别是在教育内容上的缺失和教育方法上的不足，还要盘点学校现有的和潜在的公共安全教育资源。

开展学生公共安全教育现状和需求的调查。通过调查问卷、座谈会等方式，了解学生当前公共安全教育知识、能力、技能的现状，系统掌握学生公共安全教育的需求和薄弱环节，明确学校公共安全教育的起点和基础。

安全教育进入课堂

进行学校公共安全教育的整体规划。对自身的公共安全教育进行整体规划，要把学校公共安全教育的整体规划纳入学校的发展规划中。

保证安全教育的时间。安全教育与其他的文化知识教育具有同等重要的作用，要保证安全教育的时间，尤其是不能出现把安全教育时间挪作文化知识教育上去的情况。

探索学校公共安全教育的特色。学校在实践过程中，应不断改进学校公共安全教育工作的方式，结合学校实际，锐意创新，创造学校公共安全教育的特色。

定期开展学校公共安全教育的评估和检查。学校应对照公共安全教育的整体规划，定期开展学校公共安全教育的评估和检查。评估和检查不仅要针对学校安全教育工作的整体，而且要落实到每一个教职员工的具体工作。

在学校的日常安全教育过程中，教师发挥着特别重要的作用，直接接触学生，是对学生安全教育工作的具体执行人，除了把校长决策的安全教育付诸行动外，需要把方向性的原则进行可操作性地细化，并且需要灵活机动地针对具体学生和具体情况进行因时因地因材施教。作为组织者和参与人，从教师这里得到的反馈要及时进行整理和总结，形成有益的经验，并对校长层面的安全教育思路进行不断完善。

四、安全教育与日常教学相互促进

安全教育对于维护学校的正常日常教学秩序有着重要作用。过去我们在教学管理中强调"严"字当头，通过颁布种种禁令，以期保证校园正常的教学秩序，在一定的时期，的确收到了良好的效果。随着我国课程改革的不断深入，对于学生个人权利和尊严有了更大的尊重，这就要求管理者改变方法，避免运用简单粗暴的做法来"保证"日常教学的秩序。

利用安全教育的机会，对学生进行安全知识的普及，不仅可以丰富他们的知识面，而且教会学生一些基本的求生避险技能，更能激发学生的自我保护意识，进而维护了校园的安全，维护了正常的教学秩序，很好地处理了这一难题。

安全教育还为校园文化提供强有力的保障。学校教育除了要满

安全教育对正常教学有保障作用

足学生对于文化知识的渴求，还应该在培养学生身心成长、个人人文素养和审美情趣的提高上下足工夫。作为"第二课堂"的校园文化生活，都必须有安全教育的保障，否则各种纷繁复杂的校园文化样式的展开，必然遇到种种挫折，甚至影响校园的教学秩序。

另外，学生进行文化知识的学习也需要有安全教育作为其后盾。正所谓"身体是革命的本钱"，学生的学习是十分辛苦的，如果没有健康的体魄，学习就成了空中楼阁。安全教育可使学生增强生命意识，理解生命的意义，进而善待自己、善待生命；安全教育可以驱除学生的某些不安情绪、恐慌心理；安全教育能让学生游刃有余地面对突如其来的安全问题，避免人身伤害的发生或将伤害降到最低。

安全教育是学校日常教学的保护伞，它直接决定着学校教育的成败。

日常教学活动作为学校教育的"主力军"，理所应当对组成学校教育重要部分的安全教育起到积极的促进作用。安全教育的内容和形式本来是丰富和复杂的，它和我们日常的文化知识教学本来就有着千丝万缕的联系。在日常教学的过程中，适时而恰当地加入安全教育的内容，对于拓宽学生知识面、增强课程的趣味性都有着莫大的裨益。同样的一堂课，如果能够加入和学生实际生活紧密关联的安全内容进行教育，学生会感到很新鲜，一方面在寓教于乐的氛围中了解了安全教育的内容，一方面也对本来的文化知识加深了理解，可谓是一举两得。

安全教育需要全社会的行动

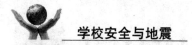

从更广的意义上看，文化知识教育与安全教育一起共同构成了学校教育的大厦，它们一起作用，才会对青少年学生知识技能的储备、思想品德修养的提高，以及个人应对学习和生活中出现的各种问题的能力的增强，产生切实的效果。

第二节 安全教育中的地震教育

作为安全教育的组成部分，地震教育在我国的学校教育中具有特殊的意义。只有做好了地震教育，整个学校安全教育才可能收到良好的效果。

一、安全教育中的地震教育

地震是指地球内部缓慢积累的能量突然释放或因人为原因引起的地球表层的震动。地震是地壳运动的一种特殊表现形式。除了自然因素之外，人为的活动（如矿山爆破、地下核爆炸等）也会诱发地震。地球上每天都在发生地震，每年约有 500 万次。一般情况下，3 级以上的地震人们才会有感觉，7 级以上的地震则会造成巨大损失。世界上的地震集中分布在两条全球规模的地震带上，即环太平洋地震带和地中海—南亚地震带，我国处在两大地震带的中间，是一个多地震的国家。我国的地震活动主要分布在台湾地区、西南地区、西北地区、华北地区、东南沿海地区 5 个区域。近年来，由于地壳活动变得频繁，地震也进入了易发阶段，除了发生在2008年5月12日的汶川大地震外，我国云南、西藏、新疆、青海、陕西、甘肃、山西等地也发生了震级大小不同的地震。

汶川地震造成巨大破坏

　　因此在学校安全教育中突出地进行地震教育就具有非常现实的意义。通过地震安全教育，可以让学生认识地震的成因，掌握预防地震伤害的方法。地震发生在不同地区产生的危害类型可能千差万别，因此学校在进行地震安全教育中要根据当地实际情况进行有针对性的地震教育。如地震发生在城市里，可能造成的危害是建筑倒塌、地下管线断裂、燃气泄漏、水源污染、人员伤亡；而发生在山

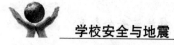

区的地震，则可能出现山体滑坡、泥石流、水库垮坝等次生灾害；另外临海地区的学校，在地震教育中则应该包括对地震引发的海啸、风暴潮等灾害的应对和处置措施。

需要特别指出的是，无论是学校的地震安全教育，还是针对全民的地震安全教育，主要是指地震的预防教育和地震的应急教育。前者指在地震发生之前应当做到的地震预防准备，后者教会受教育者在地震发生的时候和发生以后，应该采取的行动，并且由于地震并不是总会发生，也并不是每个地方都容易发生地震，因此地震安全教育是以地震的预防教育为主的。由于地震预测和预报的困难，且具有突发性的特点，决定了地震发生时人们很难临时进行躲避，而只能做好震前的防震准备工作，并了解地震发生时应该采取的紧急自我保护措施，这样在地震发生时，只要临危不惧，头脑清醒，反应迅速，还是可以保护自己，减轻伤害的。如果缺乏必要的防震抗震基本知识，防范措施不当，精神过于紧张，就会造成不应有的严重后果。

二、地震教育的内容与形式

学校的地震安全教育，作为学校公共安全教育的组成部分，主要采取课堂教学和实践演练相结合的方式进行。其中，课堂教学可以通过开设公共安全教育课程、进行地震安全知识的科普讲座等途径来实现，包括学生体育课在内的其他课程教学过程中，也可以通过有机联系学科知识特点，进行相关地震安全的教育活动；实践演练则主要是以学校或年级、班级为单位，通过有组织的躲避演练、疏散演练等活动来加强对所学地震安全知识的认识，并且通过演练活动发现存在的问题，并进行教学上的改善和组织上的改进提高。

地震教育要注意创新

地震安全教育中的课堂教学要通过系统的地震知识教育，让学生了解地震有关的概念、地震的成因和类型、地震的地理分布、地震预报，能够了解不同级别的地震可能造成的不同破坏，知道震前需要做哪些准备工作，掌握震时的防护措施以及震后的自救互救技能。课程教学中要培养学生做好预防地震的心理准备，要让学生认识到地震在世界范围内的普遍性，使其有自觉学习地震安全知识的紧迫性。

某校"地震安全教育课堂"

在地震安全教育中，应该了解地震、震源、震中、震中距、等震线、震级、烈度、地震波、地震能量等基本概念。

地震是一种自然现象，地球上每天都发生大大小小上万次地震，全年发生的地震有 500 万次之多，其中人们能感觉到的有 5 万次左右，占总地震次数的 1%。震源是地球内部发生地震的地方。震源处垂直向上到地表的距离是震源深度。震中是指震源在地球表面的投影点。震中及其附近的地方称为震中区也称极震区。地面上其他地点到震中的距离叫震中距。在同一次地震影响下，把地面上破坏或影响程度相同的各点连在一起的曲线称为等震线。地震震级是表征地震强弱的量度。震级的大小是根据地震仪器记录推算出来的。地震烈度是指地面及房屋等建筑物受地震破坏的程度。地震时，在地球内部出现的弹性波叫地震波，主要分为纵波和横波。通常所说的地震能量是指地震时释放出来的弹性波能量。

在地震安全教育中，要了解形成地震的多种成因，包括地质构造活动、火山爆发、地下岩洞塌陷等自然原因，水库蓄水、深井注水或过量开采地下水、矿井塌陷、人工爆破、核爆炸等人为原因。能够区分由于不同成因而划分的各种地震类型，如构造地震、火山地震、陷落地震、水库地震、人工地震等。对于世界范围和我国的地震地理分布有认识，并且对于学生所处的具体省份和地区的地震发生情况、地震危险程度等情况进行学习。

在地震安全教育中，要介绍地震预报科学的发展进程，阐述地震预报3要素（发生时间、地点和震级）的概念，对地震长期预报、中期预报、短期预报和临震预报各种类的预报发展进程进行介绍，要让学生学会观察地震前兆的宏观现象，并能通过一些简单的仪器来对地震前兆的微观现象进行检测。

在学习地震常识的基础上，应该对造成地震破坏的原因，有关因素以及地震可能造成的破坏作进一步的了解。应该认识到，除了震级、震源深度这些因素外，震区的场地条件、建筑物的性能、受震物体和设施的位置和防护条件对地震的破坏程度影响也非常大。需要特别注意的是，地震中可能会造成人员的伤亡，因此在地震安全教育中对破坏性地震造成人员伤亡的情况一定要加以说明，以让学生能提前做好心理上的准备。

　　震前的准备、震时的防护和震后的自救互救技能则是为了培养学生应对地震的实战水平。课堂教学中应该就学生如何应对地震，需要准备的地震备用物资，以及地震中的逃生、自救互救方法进行讲解，并且要特别注意培养学生应对困难的心理能力。

某校的"自救互救知识讲座课堂"

　　地震安全教育中的实践演练要通过有序地组织演练，来让学生对课堂教学中所学到地震防护知识进行实践。实践演练主要是假设地震发生时和地震发生后的短暂时间里，学校师生的躲避、撤离疏散如何有序而高效地进行，以及在整个过程中如何进行互帮互助。实践演练除了就地震发生时的躲避和撤离进行演习外，还应就地震发生后可能出现的紧急情况进行一些演练活动。比如，当出现同学昏迷、出血等情况时，如何进行急救和止血等演练。

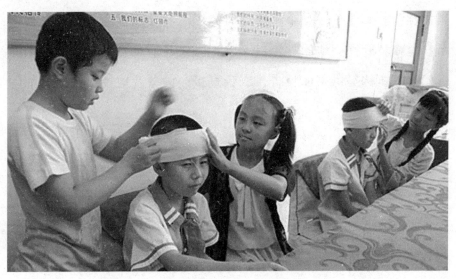

学生学习包扎止血技能

另外，地震安全教育中要注意就对待地震谣言的态度问题进行教育。地震谣言和地震误传会对学校的正常教学，甚至对于整个社会的秩序都会产生极坏的影响。为了防止地震谣言和地震误传带来的不利影响，我国进行了专门的立法，确定地震预报意见实行统一发布制度。全国范围内的地震长期和中期预报意见，由国务院发布；省、自治区、直辖市行政区域内的地震预报意见，由省、自治区、

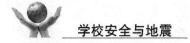

直辖市人民政府按照国务院规定的程序及时发布。除发表本人或者本单位对长期、中期地震活动趋势的研究成果及进行相关学术交流外，任何单位和个人不得向社会散布地震预测意见。任何单位和个人不得向社会散布地震预报意见及其评审结果。国务院地震工作主管部门和县级以上地方人民政府负责管理地震工作的部门或者机构，根据地震监测信息研究结果，对可能发生地震的地点、时间和震级做出预测。其他单位和个人通过研究提出的地震预测意见，应当向所在地或者所预测地的县级以上地方人民政府负责管理地震工作的部门或者机构提供书面报告，或者直接向国务院地震工作主管部门提供书面报告。

三、地震教育可能存在的误区

地震教育，作为安全教育的组成部分，在保证学校师生安全、维护正常教学秩序中起着重要的作用。但是，很多情况下，很多人都对地震教育不够重视，或者是存在着一些错误的认识。比如，有的人认为地震教育只是针对学生而言的。在学校里，学生确实是构成了主体部分，对学生的地震教育也确实是地震教育中最主要和最艰巨的任务，然而作为学校管理者的校长，以及直接接触学生的第一线的教师，也都应该纳入学校地震安全教育的范畴。并且，从某个角度上看，校长的地震教育观念、教师的地震教育水平和组织能力，在更大程度上决定了学校地震安全教育的成败。

地震教育是一个有系统性的安全教育内容，其内涵非常丰富，但是在地震安全教育的实际教学中，可能存在着"去头截尾"的情况，即只为地震发生时候的应急措施和震后短暂时间内的紧急疏散等内容进行教育，而忽略掉对于地震概念、地震成因、地震预报等震前教育部分和震后长期的身心康复和疾疫预防与治疗等震后应对知识。特别需要指出的是，地震教育中应该着重培养学生们互帮互助、勇敢坚强、沉重冷静等品质，这部分在我们目前的地震教育中有所欠缺。我们知道，在地震这样的灾难面前，一个人的意志力和心理承受水平，往往对于战胜灾难起着特殊重要的作用，因此地震教育中加强对人格品质的培养和锤炼是十分必要的。

除了以上提到的教育对象和教育内容上可能存在涵盖不全外，地震教育中还可能出现错误的教育内容，即错误的地震知识、错误的避震方法、错误的震后措施也都可能出现在地震教育的过程中。

就地震的成因，素来有各种各样的解释，比较流行的是由大陆漂移说引出的地壳板块运动学说，即认为地壳内存在一种推动岩石的巨大力量——地应力，在地应力作用尚未超过岩石的弹性限度时，固态的岩石会产生弹性变形，把能量积累起来；当地应力作用超过固态岩石的弹性限度时，就会在那里发生破裂或破裂带，或使那里原有的破裂带重新活动起来，将积累的能量急剧释放出来，从而引起地震。

也有其他学者提出其他各种各样的地震成因假设。在地震教育

地震时释放出巨大能量

中，要对传统的地震成因进行介绍，同时也要就地震成因研究中这些新的观点进行讲解。但是一定要避免的情况是，把地震的成因归于某种神秘力量，宣扬封建迷信的作用。

地震教育中关于地震发生时，就如何躲避和撤离进行的教育也必须符合科学精神。比如该不该跑出教室的问题，则应该根据实际情况来确定，而不是只强调就地躲避的重要性，而忽略了有些容易跑出建筑物的同学，理所应当地跑出建筑物外，而不应该和距离安全出口较远的学生采取完全一致的避震策略。再如就地震发生时是否要躲在桌子下的问题，则和桌子的结识程度、具体桌子在房屋中的位置而确定，就连桌子旁的三角空间也是和其他的实际情况相互关联的，不能一概而论。

震后倒塌的建筑会有"安全"空间存在

　　地震教育中的震后心理救援教育，也应该做到全面而正确。比如，在震后心理救援中，如果亲历者有倾诉的需要，可以让其倾诉，心理救援者可以通过做一位听众的方式来帮助亲历者减轻痛苦；但并不是每一个亲历者都愿意述说自己的遭遇，如果不区分情况而向亲历者问东问西，非但不能减轻亲历者的痛苦，反而会让其产生更

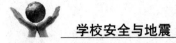

大的悲哀。因此，就震后如何进行心理救援的教育，要做到全面而正确，而不能以偏概全。

四、地震教育与其他安全教育的关系

学校的地震教育与整个学校的公共安全教育是部分与整体的关系，因此不能将地震教育从安全教育中割裂出去，并且地震灾害的特点决定了地震教育的丰富性，地震教育和其他类型的安全教育之间存在着一定的相互蕴涵性。

地震教育与消防教育有着很密切的联系。无论是地震发生时，还是在地震发生以后，火灾都可能伴随着地震灾害一起威胁广大老师、学生、家长的生命和财产安全，因此地震教育中必然要涉及消防教育的内容，从另一个方面讲，消防教育的内容本身也可以作为地震教育的一个组成部分。只是需要注意的一点是，地震发生时或发生后的火灾，与普通的火灾有其相同点，但也有其不同的一面，因此其应对和处理方法也会有所差异。因此在消防教育中涉及地震中的消防安全问题，就应该增加一些特殊情况下的处理应对技能教育。

地震教育与饮食安全教育也有相互联系的特点。我们知道，为了应对可能突发的地震灾害，我们要准备一个"防震包"，其中包括各种应急用品，饮用水和食品当然是其中重要的组成部分。由于防震包的作用是用于地震发生后的紧急使用，因此其中食品的卫生安全问题，本身就是饮食安全教育的一个内容。地震发生以后，饮食安全的问题更成为一个必须特别注意的事情，因此地震教育中必然涉及很多饮食安全教育的内容。饮食安全教育，是学校安全教育中包含的与学生、教师息息相关的内容之一。在饮食安全教育中，一方面要注意加强日常饮食安全教育的成分，另一方面，也要注意对地震这样的突发情况下的饮食安全教育有所重视，只有这样，饮食安全教育才算真正完整。

地震教育与急救教育也是不可分割的。破坏性地震发生以后，出现学生受伤，如骨折、昏迷、出血等情况时，如何进行应急处理，是一件非常重要的事情。很多情况下，现场的急救处理的是否有效，决定了生命的存亡和伤害程度的大小。地震教育中涉及震后各种危急情况下的急救知识，本身就是急救教育的内容，急救教育中传授的方法和注意事项也都是地震发生后的急救过程中要遵循的原则。与上面提到的火灾和饮食安全的情况类似，地震中的急救与日常情况中的急救有着显著的区别，因此，地震教育中涉及的急救教育就应该更加偏重于震时的特殊情况来给出相应的解决方案，急救教育中涉及地震教育的内容时，也应该就这样的特殊情况进行说明。

另外，地震教育与其他的学校安全教育也都有着紧密联系，并且由于地震的特殊性，其他安全教育的内容都应该根据地震的特殊情况，增加一些相应的教育内容。其他安全教育在涉及地震等这样的特殊情况时，给出一些具体的可行的解决办法和思路。

学生在野外实践急救知识

当然，学校的安全教育本身是一堂完整的课程，安全教育中的各项内容也都是相互联系在一起的，并不存在孤立地讲某一项安全教育内容，而完全避开其他安全教育方面的情况。因此，学校在安全教育的组织上，还应该注意各项安全教育内容的联系，进行科学合理的课程设计，以收到最好的教学效果。

第三节　地震安全教育的师生角色

地震安全教育的对象，不仅仅包括构成学校主体的学生，还应该包括学校的管理者校长，直接接触学生的一线教师。甚至从某种意义上，校长的地震安全教育观念和对老师的地震安全教育的水平更大程度上决定了学校地震安全教育的成败。只有对校长、教师、学生三者都进行了良好的地震安全教育，才可以说学校的地震安全教育做到位了。

一、学校领导的地震安全教育观念

对于学校领导，尤其是学校的校长等管理者的地震安全教育，着重点不在于教给学生个人应对地震的知识，而是要在思想和意识上，让他们加强学校的地震安全教育观念。换句话说，学校领导的地震安全教育的目的，主要是让学校领导重视学校安全教育、重视学校地震教育，保证地震教育在内的安全教育工作的推进。

学校的安全教育是一个很广泛的概念，一切与学生的人身健康相关的因素，都是安全因素，因此涉及这些因素的安全问题都是要进行安全教育的内容。除了地震教育外，学校的安全教育还应该包括防火教育、活动安全教育、交通安全教育、传染病预防教育、防人身侵害教育等方面。学校领导应该对整个学校的安全教育进行统筹安排，对安全教育中的地震教育进行有序地组织和安排，使其与其他安全教育相互协调，又能实现其自身特定的教育要求。

学校领导还应该注意学校安全教育的制度建设，对于地震教育，也应该有其确定的制度来进行规范。要建立安全检查制度，定期检查校舍，一旦发现危房，要立即向上级主管部门报告，并采取措施，保证学生的生命安全；定期检查消防设备，定期检查易燃、易爆物品和化学实验用品，以保证地震中的师生安全。要建立安全值班制度，课前、课后、午间、晚间，凡是学生在校期间都要安排教师值班，做到时时处处都有人看守。要建立安全责任制度，明确教师、学生乃至家长各自的安全责任。学校领导要对地震中可能出现的伤害事故采取安全措施，一方面是预防地震的安全措施，一方面是地震发生后的应对措施。

学校领导在地震教育在内的安全教育中还应该发挥法制宣传人的作用，要向学生、学生家长宣讲各自的权利和义务，以便更好地履行义务。

二、教师在地震安全教育中的地位

教师在学校教育中是直接接触学生的群体，并且也应该是学校安全教育的主力军。在学校的地震安全教育中，一线的教师发挥着最直接的作用。学生的安全教育需要学校全体教职工的共同努力，也就是说，学校全体教职工都应该具备学生安全教育的能力，作为安全教育中的重要内容，地震安全教育也是每个教师必须掌握的一项能力，尤其是班主任和专门负责安全教育的教师更应该具有较高的地震安全教育能力。只有在教师的常规培训中增加学生安全教育的内容，并通过明确的培训设计来进行实施，才能提高教师的安全教育水平。

　　教师在地震安全教育中的重要作用，决定了要对教师在地震安全教育方面加强培训，以提高其相应的能力。在教师的安全教育培训中，要保证安全教育的时间，同时要注意专门的安全教育教师队伍的建设，另外要投入时间和精力来加强教学资源的建设。地震安全教育的课程，看起来比较丰富，但在实际的教学中，会发现许多不符合当地情况和特点的东西，因此根据当地的实际情况，开发一些合适的本土教程是非常必要的，这样的地震安全教育才会让学生真正感兴趣，也才能够真的掌握应对当地地震的能力。

某校的紧急疏散演习

教师进行地震安全知识的学习，除了自身掌握应对地震的方法外，更主要的是要将这些知识传授给学生，也就是说，教师对学生进行地震安全知识普及和教育，是教师学习地震安全知识的原始目的。教师要加强对学生的安全教育，杜绝各种安全事故的发生，教给学生各种紧急情况中的自救方法。通过班会等机会，常讲常抓安全教育。同时，教师掌握地震安全知识，也是在发生地震时，进行有序地对躲避和撤离疏散等活动进行组织的前提。因此，教师除了作为地震安全知识的传递者，还是防震安全的组织者和实施者。

老师在疏散中要进行指挥和引导

2008 年修订的《中小学教师职业道德规范》对教师在地震安全教育中的角色定位也有了新的变化，首次将"保护学生安全"作为教师应尽的责任直接写进"规范"里。这也从一个侧面说明了教师在学生安全上所起到的重要作用，至于教师在学生安全教育问题上的重要地位，就更是再明显不过的了。《中小学教师职业道德规范》也明确规定教师要坚持终身学习，因此，自觉加强地震安全知识的学习，更新自己的知识结构，拓宽知识视野，提高自己的地震安全知识水平和教育学生的能力，不仅是学校地震安全教育的要求，也是做一名合格教师所应该做到的。

和其他文化知识课程一样，地震安全教育中也存在整体教育和个别教育的情况。对于有特殊情况的学生，比如存在身体残疾的学生，教师要注意对其进行有针对性的地震安全教育，帮助其培养地震脱险的能力。对于传播地震谣言的同学，要进行批评教育，让其认识到传播不实谣言的害处。

除了专门的安全教育课程外，班主任和其他一线教师在进行文化知识课程的教授中，也应该注意穿插安全教育的内容，当然也包括地震安全知识的内容。我们知道，文化知识课程与安全教育本身就存在着这样那样的联系，在普通的文化知识课堂上，加入安全教育的内容，一方面在不知不觉中进行了安全教育，一方面又让文化知识课程本身变得有趣，同时也开拓了学生的视野，让学生更加注意不同学科和知识之间的联系，产生更大的学习兴趣。

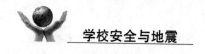

三、地震安全教育中的学生角色

学生是学校地震安全教育中最主要的受教育对象，根据年龄的不同，各学段学生在地震安全教育中要学习的内容和所要达到的水平又是有所区别的。小学低年级学生侧重了解地震危险的存在；知道躲避地震和求生、求助的简单方法、技能；强调个人安全。小学高年级学生侧重认识地震的危害；形成躲避地震的意识；掌握躲避地震的基本方法；强调个人安全。初中学生侧重了解与地震安全有关的基本知识；强化自我保护意识；掌握确保安全的基本方法；强调个人安全，兼顾公共安全。高中学生侧重理解与地震安全有关的基本方法；自觉避免不安全的行为；能够在保证自身安全的前提下救助别人；既强调个人安全，又强调公共安全和国家安全。

学生应该通过学校开设的安全教育课程来学习地震安全等安全知识，不仅要知其然，而且要知其所以然。学生通过地震安全知识课程的学习，要了解地震知识，掌握地震中保证安全的方法，作为高年级学生则还应该掌握救助同学的方法。学生还应该积极参加学校和社会上开展的地震安全知识科普讲座，通过聆听地震安全专家的教诲，来提高自己的地震安全水平。学生要踊跃参加学校组织的防震安全演练活动，要在演练中实践自己在地震安全知识课堂上学到的东西，不断地发现问题并解决问题，提高自己在地震中的安全应对水平。

无论是学习地震安全知识，还是参加防震安全演练活动，学生都应该注意遵守纪律，严格要求自己，以认真的心态和精神状态来对待地震安全教育。

学生在地震安全知识以外，还应该注意其他方面的安全知识的学习，比如防火安全、防溺水安全、防毒气泄漏安全、防踩踏事故等。因为这些安全知识本身就是和地震安全紧密地联系在一起的。只有完整的掌握了各种紧急情况下保证安全的知识，才能更好地应付突发的地震灾害。

某校学生紧急疏散演练

学生在学习其他文化知识课程的时候，也要注意多思考，注意其他文化知识课与地震安全的相互联系。这样做的好处是可以把各个不同学科之间的知识进行有联系的记忆，有助于更牢固地掌握知识，并且也能更好地处理现实中遇到的各种问题。比如，在化学实

验课上，可能会涉及许多化学实验用品的储存和摆放方面的知识，如果自己把其和突发地震时实验安全和实验人员安全问题联系在一起考虑，就会产生很深刻的认识，提出更合理的制度和方法。

学生在地震安全知识的学习和防震安全演练的实践中，一定要听从老师的安排和组织，在进行全校性的活动时，则要服从校方的统一安排和指挥。学生要注意树立集体荣誉感，要注意团队合作意识的培养。

第二章

学校的地震预防工作

　　加强学校的地震防御能力建设，认识其在保证学校安全中的重要性，制定和确立学校在地震预警和应急处理上的方式方法，是保证地震中的学校安全的前提条件。

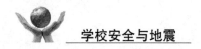
第一节 地震预防工作的重要性

在众多的自然灾害中，特别是在造成人员伤亡方面，地震造成的死亡人数占各类自然灾害造成的死亡人数总和的一半以上。地震预防工作关乎广大师生的生命安全。另外，地震预防水平本身也是在探索中会不断得到更新和提高的，做好地震预防是一项对自己和子孙负责的举措。

一、人类还难以准确预测地震

地震灾害堪称群灾之首，然而人类到目前为止还难以准确预测地震，尤其是地震的短临预测方面还有很长的路要走。地震预测的困难主要是由地球内部的"不可入"性、大地震的"小概率"性、地震物理过程的复杂性决定的。

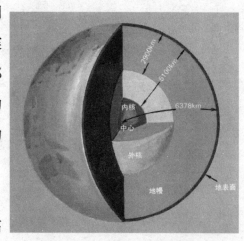

目前人类还难以探测到地球深部

地球内部的"不可人性"，人类还不能深入到处在高温高压状态的地球内部设置台站、安装观测仪器对震源直接进行观测。地震学家只能在地球表面和距离地球表面很浅的地球内部，用相当稀疏、很不均匀的观测台网进行观测，利用由此获取的很不完整、很不充足、有时甚至还是很不精确的资料来反推地球内部的情况。

大地震的"小概率"性，大地震是一种稀少的"非频发"事件，大地震在同一个地方重复发生的时间间隔比人的寿命、比有现代仪器观测以来的时间长得多。对地震预测的经验规律的总结概括以及理论的建立验证由于大地震是一种稀少的"小概率"事件而受到限制。

地震物理过程的复杂性，地震前兆出现的复杂性和多变性可能与地震震源区地质环境的复杂性以及地震过程的高度非线性、复杂性密切相关。

但即便在地震研究发达的美国，至今科学家也只能根据历史数据制作的数学模型，预测未来几十年到数百年间一定强度地震发生的概率有多大。科学家们承认，他们对地震发生的机理认识还有限，不能提供准确的预报。所以，位于旧金山的美国地质勘探局北加州地震研究中心有句口号，就是："每天都是地震期。"

日本东京大学地震研究所教授、政府地震调查委员会成员阿部胜征也认为预知地震有困难，人所能做到的只是预测地震发生的可能性。他认为，"预知"可分为事先预知和事后预知，事后预知是指在地震发生后，人们会发现，在地震之前实际上已有很多异常现象。这一点比较容易，现在人们已经知道阪神大地震前异常现象有1500种以上。但最重要的是事先预知，即准确指出什么时候、在什么地方，将发生多大规模的地震，这在目前人们还很难做到，人所能做

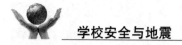

到的是预测发生地震的可能性。

地震难以预测，但给人类带来的损害却可以控制。以美国旧金山为例，百年前，这座城市还不知道如何让房屋抗震，如何震后自救。如今，美国旧金山、洛杉矶和圣迭戈等地震带城市，所有建筑物的修建都遵照了特殊的抗震规范。漫步在这些以发达著称的城市中，人们不难发现，大多数民居和普通商业建筑都是四层以下、用轻薄木料建造的低层建筑。而作为现代城市象征的高层建筑，一般都集中在金融区，也都遵照抗震规范建造。万一地震发生，如何尽量减少公众伤亡、及时疏散、分配饮水和食物、扑灭火灾、维持秩序？在这一领域，科学研究也取得了较大的进展。美国地质勘探局的研究人员就借助超级计算机模拟手段设计和优化了救灾方案。按照他们的预计，在旧金山这样百万人口的大都市，一旦发生里氏7级以上的地震，可以将遇难者人数控制在2000人左右。

我国也是一个地震多发的国家，既然准确预测地震还难以实现，那么更加应该注意做好地震的预防工作。学校是教书育人的地方，在学校里接受教育的学生更是祖国未来的希望所在，做好防震工作才能真正有效地应对地震危险。

二、防震工作关乎生命安全

学校里学生集中上课，人员密集度高，一旦发生破坏性地震，就可能会危及学生的生命安全。因此，学校里应该做好保护学生生命安全的防震措施，这包括多方面的含义。从广泛的意义上讲，包括学校建筑安全在内的一切影响学生在地震中安全的因素都应该考虑进来；从狭义的角度上讲，保护学生生命安全的防震措施也要包括地震知识的学习、地震自救互救的能力培养和地震紧急物资准备等各个方面。无论是广义还是狭义上的防震工作，必须贯穿于其中的一条是个人首先应该培养防震的意识。

个人防震意识实际上是第一位重要的防震工作突破点，即使是在日本这样的地震多发、地震安全教育普及程度很高的国家，个人防震意识依然还需要进一步提高。日本很多大楼内都有避难引导图。

楼道内的安全通道指示牌

一旦发生灾害，应该沿什么路线出去，实在出不去躲在什么地方等待救援，灭火器在什么位置，自己现在处于什么位置，根据引导图都能一清二楚。然而，日本警视厅警备心理研究会进行的一份调查显示，尽管有76.7%的地下街管理事务所采取了防震措施，标明了避难路线，但相关店铺有58.2%的人不知道地震导引图的存在或对

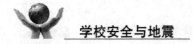

地震导引图的导引路线不明白。

学生要树立起个人的防震意识来，不仅仅是要求对于地震导引图之类的内容能够读懂，而是有一种地震的危机意识，而不能在地震发生以后才着急寻找逃生出路，最好是在自己的心中有一份震时避难导引图。在日本东京都的 23 个区都有自己的防灾计划，一旦出现地震灾害，在什么地方避难，什么地方有水源，走在哪条街上应注意上面可能落下破碎玻璃等，都在避难引导图上标示得清清楚楚。然而，东京灾害志愿者秘书处的福田信章次长认为，虽然有避难引导图，但每个人出门不可能随时都带，因此自己平时具有防灾意识更为重要。心里要有一个避难引导图，发生地震时能掌握避难场所的位置和前往路线，知道什么地方有提供救灾食品的便利店，路边有多少安全的空地，这样才可以做到遇事不慌，冷静应对地震灾害。

除了个人防震和避险的意识外，在地震灾害发生以后，自救互救的能力就显得更为重要了。有人认为自救互救能力是个人的事情，其水平的高低是确定的，这种错误认识是对自救互救能力培养的认识不清楚导致的。在美国、日本等国家，从幼儿园就开始对公民进行灾害中自救互救技能的教育和培训，相比之下，我国在这方面做得非常不够。比如，对于一些危重急症、意外伤害病员的抢救完全寄望于医院和医生身上，缺乏对在现场救护伤病员的重要性和可实施性的认识。这往往使处在生死边缘的伤病员失去了几分钟、十几分钟最宝贵的"救命的黄金时刻"，丧失了挽救生命的最佳良机。

通过向包括学生和老师在内的人民群众普及急救救护知识，提高地震发生以后人们自救互救的能力非常必要。通过对救护知识和技能的教育和培训，让人们掌握基本救护的知识与技能以后，遇到地震后需要进行的自救互救的情况，就可以在现场及时、有效地开展救护，为伤病员者赢取获得救助生命的最佳时机。学校可以通过定期出急救知识专栏、图片展、黑板报，开展形式各样的急救知识竞赛活动，以及邀请有关专家、教授进行知识专题讲座，给学生发放急救知识手册等措施来提高学生的急救能力。

地震紧急物资是为了地震发生后用于争取脱险和维持生命而准备的，学校应该让每位学生都准备这样一个装着紧急物资的防震包，防震包一定要结实，以便安全使用和不易刮破。防震包里应该包括生存类的物品，如饮用水、食品、衣物等，其中食品最好选择压缩饼干、巧克力等高能量的食物，且要注意保质期的问题；防震包里还应该包括自救互救类的物品，比如各种药品、口罩、绷带等自救物品和口哨、手电筒、自行车铃等求救物品，另外，像收音机、备用电池、手机等物品也可能是需要的。

有了个人防震意识，做好地震紧急物资的准备，并掌握必要的自救互救技能，这样在地震发生的时候，就会减小生命伤亡的几率。

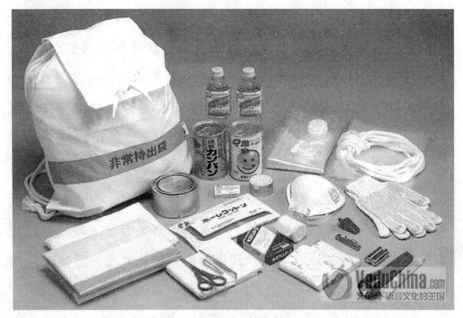

日本的紧急避难用品包

三、防震工作预则立，不预则废

防震工作是一件涉及震前准备、临震和震时高效处置、震后快速反应和组织的系统工程，除了地震中的个人努力外，防震工作中的一个重点便是临震和震时能够高效地对危险状况进行处理和有序组织人们脱离险境。学校对临震和震时情况处置水平直接决定着广大师生的生命安全，而对这种特殊的危险状况的处理能力并不是某个人的个人能力高低来决定的。只有拥有防震的规范制度并对其进行有效地执行，才能保证临震和震时师生的安全。

有没有常规的防震知识学习和演练，以及很重要的一点，学习和演练的内容是否适合本校的情况，都是地震中影响师生生命安全至关重要的因素。在汶川地震发生以后，全国各地的学校普遍都加强了防震抗灾的管理和教育，但许多学校对学生的教育往往只注重认知目标，而忽略了行为矫正；只注重理论的学习，而缺乏行之有效的实践途径，一些学校的灾害教育存在着"走过场"的现象。许多学校的灾害教育停留在意识层面，虽然人人都说重视，但实践操练与体验和参与人数的覆盖面却很低；不少学校的演练只求场面精彩，但教育却停留在浅层次规训层面，甚至一定程度上存在表演作秀的嫌疑。但不少学校通过主题班会、团队活动、图片展览、安全知识竞赛等途径对学生开展了灾害的预防教育，校园中的安全讲座、消防演练、逃生演练等活动的出现频率也明显增多。

另一个令人担忧的现象是，不少学校建立的应对各级各类灾害事件的应急预案，其科学性值得怀疑，很多学校的预案没有考虑到自己学校的实际情况，因此预案文本制定出来以后学校也没法进行很好的实战演练组织。出现这样的情况，主要是因为我们的学校普遍存在着一种观念，即认为地震教育是一种应急行为，而没有把地震灾害教育作为一种常态化的教育，也就无法使之普及化、日常化，也就不能真正取得实效了。在这方面，应该向新加坡、日本等国学习，把地震灾害教育的管理做到"精细化"。

开展灾害教育，不仅是让学生学习防灾抗灾的技能，更是让学生感受到生命被关怀的温暖。新加坡、日本等国家，都是从细节上来凸现对学生的生命价值尊重和人文关怀，如在每个学生的椅子后

防震演练非常重要

背，放一个防灾垫子，这样地震到来可以迅速取下保护头部。日本学校还为每个学生准备了配套物资齐全的防灾包，连内衣、求救哨子这样的小物品都考虑进去，这些物品虽然很小，但是在灾难状态下却能发挥重要作用。

　　只有全方位、全对象、全阶段地加强学校灾害教育，将灾害管理从"粗线条"过渡到"精细化"，把地震教育在内的学生安全教育的内容纳入学校稳定工作、教师育德能力、学生素质培养中，并探索借助社会力量共同开展学校的灾害管理，真正把学校灾害事件的预防和应对作为学校管理的常态工作，才能在完整意义上做好学

学生要学会防灾抗灾的技能

校的临震和震时的防震工作。

防震工作不仅包括临震和震时的应对方法和策略，还应该包括震后重建等问题。防震工作也要在这方面加大努力的力度，比如震后的社会救助和保险机制对震后重建、分担地震损失都至关重要。非政府组织同样能在志愿救灾、帮困扶持中起到重要作用，其自发

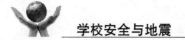

性、社区互助性，也是公民社会构建的重要环节。另外，建立对自然灾害的保险机制，对于减轻受灾群众的灾害损失作用是非常巨大的。1992年"安德鲁"飓风、2005年"卡特里娜"飓风，令西方保险业分别"巨赔"155亿美元与250亿美元的同时，也大大减轻了投保人承担的灾害损失。

在社会经济日益开放发展的时候，除了那些个人发展出来的社会网络和政府行政网络之外，也需要更多的基于公众利益团体与兴趣团体发展出来的非政府组织，政府行政往往是一种常备功能，而很多非政府组织可以发挥预备功能，在灾害预防与对策这类问题上，正需要基于公共卫生、灾害教育、防灾建筑设计、灾害救助、青少年灾害对策培训等方面的民间社会工作，他们可以在信息传播、知识共享、社会救助网络编织、日常灾害对抗的演习、应急预案设计支持等方面发挥独特作用。

汶川地震发生后，地震灾区救灾物资缺乏，即使能征集到的物资大多数并非基于有明确的防灾抗灾考虑的，这方面的防震工作我们则可以向我们的邻国日本取经。日本大力开发防震抗灾用品产业，根据不同的用途和需要，日本现已研制出各种防震抗灾用品。例如，具有一定防火功能的紧急避难用品包，内有各类物品27件，其中包括矿泉水、饮用水装运桶、压缩饼干、手摇发光灯、防尘口罩、防滑手套、绳子、固体燃料、急用哨子、护创膏、药棉和绷带、灾害临时卫生设施、临时住所等。此外，还研发生产了压缩内衣、无水洗涤剂和手摇充电收音机等用品。作为一个产品制造能力居于世界前列的国家，作为一个各类灾害多发的国家，中国很多的一般化产品产能处在过剩的状态，而针对特定用途包括基于抗灾救灾需要而设计的产品，或者具有这方面考虑从而兼有这方面功能的产品其实少之又少。

汉川大地震后，很多人都在思考一个问题，今后还会不会发生大地震？如果再次发生大地震，我们能不能从容应对？能不能把人民群众的生命财产损失降到最低？能不能保证更少的学校建筑坍塌和更少的学生伤亡？目前我们应该做什么样的准备来应对将来的灾害？从某一个角度上讲，未来抵御地震的能力是由今天我们的防震准备决定的，今天的努力才能换回明天的回报。学校的防震准备工作，也是一件功在当代、利在千秋的事情。

凡事预则立，不预则废。我们的灾害教训不可谓不多，但是转变成社会常规防御机制者尚少。社会具备灾害防御对策能力与事后反应能力一样重要，而且更加体现出社会管理的前瞻性。吸取地震灾害中的教训，改变我们的灾害反应与对策机制的整治和建设，也是我们改进防震工作的一个努力方向。

学校防震工作也应该有这个意识，除了注意加强临震和震后的应急快速反应，更应该在地震灾害防御对策水平的提高上多下工夫。与其在地震发生以后进行学生生命的抢救，不如把关注点放在如何不让学生在地震中处于危险境地上来。当然，这是一个长期的过程，不可能一蹴而就，但学校在防震工作的思路上，应该朝着这个方向努力。

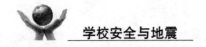

第二节 学校地震防御能力的提高

学校的地震防御能力，很大程度上与人们对地震防御中的经验教训认识深刻与否有关。通过总结经验吸取教训，学校注意营造和谐的地震安全教育课堂并创新地震安全教育的方式，与家庭和社会一道努力，才能为学生创造安全的环境，才能有效地防御地震。

一、吸取地震防御工作的经验教训

当人类所创造的文明与科技极大地改变了这个星球，一些人渐渐淡忘了在自然面前的渺小。重大自然灾害不时发生，显露出其狂野桀骜的本性，真切感受到自然的巨大威力和人类生命的脆弱。面对现有技术无法准确预测的地震灾害，面对人力不可扭转的地裂山崩的现实，我们真的是束手无策了吗？同样是地震多发国家的日本，他们所采取的一些地震防御工作便是值得我们借鉴的经验；另外，我们还要注意对我们的麻痹大意和错误做法吸取教训，这样才能真正做好地震防御工作。

作为一个地震多发的国家，日本从硬件和软件两方面入手防震减震。从硬件上看，日本民用建筑的墙体多是整体结构，内部是石棉一类的填充物。对于老旧建筑，则采取钢筋牵拉框固定，"以力制力"牵引抗震。近年还运用"柔能克刚"原理，在建筑物地基部分加上硬质橡胶和钢板，使建筑物结构具有弹性，甚至能抵御7级地震。1995年阪神大地震中，神户当时仅有的2栋"免震建筑"毫发无损，可以证明此种技术的可靠性。

阪神大地震造成巨大破坏

日本在软件上防御地震的方法就是防震教育。日本的居民一般都很清楚所住楼宇的紧急通道。在居家布置时，易倒易碎物品通常不会放在无遮挡的地方。家中无人时，日本人习惯关闭煤气总阀。每个家庭须准备维持2～3天的饮水和食物，并且定期更新。除了掌握地震中火里逃生的常识，家中灭火器常备常检查，未成年孩子也少不了被教授地震逃生术，学校不时组织地震演习。家长还会向孩子灌输一种信念：地震虽然可怕，怯懦更为可怕，地震中能够幸存的，往往是敢于面对厄运、顽强坚韧者。

在汶川地震发生以后，全国各地学校都掀起了一股检查学校建筑质量的热潮，并对存在质量问题或是设防标准不够的校舍进行加固或拆除重建，这是从硬件上对地震中的安全进行防御。至于软件上的灾难教育，快速补上地震等天灾危机防御知识课已经成为当务之急。平时做好大洪水、台风、地震等天灾造成的危害宣传，将应急防御措施充实、完善到已有的预案中，特别是地震频发区、沿海等天灾易发地区要制定详细的防御措施，做好物质、人员准备，定期进行预案演练，当地震、泥石流地质灾害等天灾突然来袭时，就可以最大程度减少对人员、财产和环境造成的损失。

在各种场合张贴避难导引图也是值得我们向日本学习的一条经验。在地震发生时，根据自己所处的地形和处所，选择快速跑出建筑物还是就地躲避，选择合适的逃离路线进入安全地带，导引图在整个过程中起着很重要的作用。现在我国的一些大中城市里，一些街道等地方也都设置了各种避难指引路标，然而在建筑物内部这样的导引就比较少见，且路边的有些导引标志指向不够明确，这些都需要改进和提高。

二、营造和谐的地震教育课堂

学校的地震教育课堂是教师传授给学生地震安全知识和自救互

救能力的场所，同时也是学校地震防御能力得以建立和提高的保障基地。唯有通过营造学生安全的心理环境，教师掌握地震安全教育的知识系统和教学技巧，才能构建和谐的地震安全教育课堂，才能提高学校的地震防御能力。

自由安全的心理环境有利于学生对地震安全知识的学习，有利于学生通过地震知识课堂和防震演练活动来让自己成长起来。在地震安全教育中，课堂教学依然是很重要的一种教学形式，课堂是学生学校生活的主要立足点，然而目前的课堂教学中，普遍存在学生心理负担重、顾虑多，不能"放开手脚、畅所欲言、表露见解"的现象随处可见，进而形成封闭心理，严重影响课堂教学效果。因此给学生创设一个安全的心理环境显得尤为重要，课堂安全心理环境是指建立一种不受传统束缚，不屈从于权威，敢想、敢说，没有威胁、批评，而不同意见、想法均能受到重视、尊重、赞扬与鼓励的环境。

陶行知说："为营造一个适合学生身心和创新能力发展的环境，必须建立平等民主的师生关系。"教学中师生之间感情的融洽，会使学生在愉快的气氛中对学习产生浓厚的兴趣。师生之间应确立一种平等、友好、和谐的师生关系，这种关系是师生间心灵的相互沟通和了解，从而达到相互依赖和依存的境界。只有这样，课堂上学生才敢发表不同的意见，阐述不同的见解，才敢大胆地质疑问难，勇于创新，敢于创新。尤其是地震安全教育的课堂上，学生如果不敢对自己不明白和不解的地方提出疑问，那就让地震安全教育的作用

某校学生正在观看安全教育展板

大打折扣，当地震发生的时候，课堂上学习到的内容也就不能应用于实践中去了。

教师要富有爱心，以满腔的热情面对学生，以慈祥的面孔、亲切的口吻与学生交流，用自己的亲和力来消除学生学习上的心理障碍，营造一个自由、宽松、愉悦、安全的心理环境，既拉近了师生距离，又能让学生产生积极向上的心态。教师要放下架子，真诚对待学生，摒弃教学"权威"。教师不能处于高高在上、居高临下的地位，而应该多一些换位思考，设身处地地为学生着想，考虑学生的心理感觉，真诚地对待学生，真诚地倾听、合理地接纳学生的意见和建议，从居高临下的权威形象转变为可信赖的朋友形象，给学生提供一个平等安全的心理环境。教师在地震安全教育中，要让同学们觉得自己是和所有的学生一起来应对可能发生的地震灾害，而不是作为一个高高在上的指挥者。教师的教学应该达到这样一个目的的认识：只有师生的共同努力，地震发生时才会将伤亡降到最小。

教师要注意营造和谐课堂

教师在地震安全教育中，还应该注意"多渠道"地创设交流平台，使地震安全知识和地震自救互救技能真正深入每个学生的心中。在一个班级中，总有一些比较外向的学生，也会有过于内向、沉默

寡言甚至把自己封闭起来不愿交流的学生。对于这些学生的地震安全教育，除了尽量让他们融入日常的课堂教学中，还应该注意课下的专门辅导与交流。通过友好的沟通，解开他们的心结，卸下他们的思想包袱，这是一个循序渐进的长期过程，教师在这方面要有耐心，要有进行反复辅导的准备。

除了进行学生的安全学习环境创设外，地震安全教育中还必须注意教学课堂的精心设计，关注教育细节，激发学生对地震安全教育内容的学习兴趣。地震安全教育的内容，需要学生在参与的过程中有丰富的情感体验，与普通文化知识教育中过分注重知识的系统性和完整性、过分重视学习目标中基础知识的掌握、过分重视间接经验的系统传授和获得相比，地震安全教育要更加注重对学生兴趣的激发，要更加注重综合能力和行为习惯的培养，要更加注重直接经验带给学生的体验和感受，尤其是防震安全演练更是需要学生在实践中进行直接感受。

地震安全教育的教学内容设计要充分关注学生的需要和身心发展特征，教学内容上除了进行地震安全教育知识的传授外，还应该注意与其他文化知识课程的相互迁移，从而拓宽学生的认知面，强化知识之间的相互联系，使理解更全面、更深刻。地震教育的课堂环节设计要比其他文化知识课程的课堂环节设计要求更为苛刻。地震本身是一件与学生生命安全休戚相关的事情，因此采用比较引人的开端环节，在切入时就能吸引学生的兴趣，就算是在很大程度上取得了成功。因为只有学生对地震安全教育的内容产生了兴趣，学

教师要和学生近距离接触

习才会有内驱力，才会全神贯注，学生的学习过程和行动过程才会是积极主动的，才会最有效果。

另外，地震安全教育也应该注意教育内容的容量问题。心理学研究表明，当个体在一定的时间内接受的信息和要解决的问题保持在一定范围内时会以愉快的心态去接受它，如果超过这一限度，人们的心情会因此变得烦躁不安，思维发生紊乱。因此，无论是地震知识教学的课堂，还是防震演练项目的进行，都要把握一个适量原则，否则会让学生产生抵触心理，就不会取得很好的学习效果了。

最后，防震演练活动中需要培养团队合作的精神和同学之间互帮互助的品质，因此在演练中可以通过组建友好的同伴关系的方

学生自绘的地震知识展板

式来实现。在学校里，除了师生关系之外，还存在着另一种重要的关系，即学生与学生之间的关系。这种同伴关系，可以说是学生在校学习期间伴随时间最长的关系。因此，同伴关系是否友好和谐，是地震安全教育成败的一个关键，同时也是地震发生时能否很好地实现避震减灾、减少生命伤亡的关键所在。

三、创新地震安全教育的方式

我们知道，在学校的门上或门口贴上一张课程表是再正常不过的事情，如果我们再在它的旁边贴上一张"安全疏散行走路线图"，路线图上标出该教室在楼层的位置，并用红线标出安全疏散路线，这样简单的操作本身就是一种对地震安全教育的创新。有了这样的一张图，一旦发生地震或是其他紧急情况，学生们就能够按照预定路线有序逃生，可以避免乱跑和拥挤而酿成不必要的事故。一张简单的图，就是对学生的关心和呵护，更重要的是使学生直观地了解到安全疏散的知识和方法，这比单纯的说教方法效果明显更好。

我国中小学生的地震安全知识，主要是来自于学校上的课堂教学和家长的叮咛，然而有调查显示，学校灌输式的教育形式和家长的"唠叨"是学生最不喜欢的。因此，创新地震安全教育的方式已经刻不容缓。青少年活泼好动，只有课堂上的讲授可能引不起他们的兴趣，或是对相关讲解并不能很深刻地理解，因此地震安全教育中课堂教学与防震安全演练活动的配合是非常必要的。

地震安全教育，尤其是防震安全演练活动，是一门实践性很强的课程，而学生由于缺乏社会阅历或是对地震安全教育中的陌生事物不够了解，可能会做出错误的举动或是产生错误的想法。这时教师应该注意对其进行纠正，但要注意方式方法，应该以正面鼓励为主，采用延时评价的方法，营造轻松的地震安全教育过程。

学生在接受地震安全教育的过程中，对爱的需要和受尊重的需要非常突出，教师应该在教育中利用好这个原理，通过适当的评价来满足学生的这种需要。对于较好掌握所学地震知识的同学和

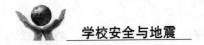

安全疏散出口示意图

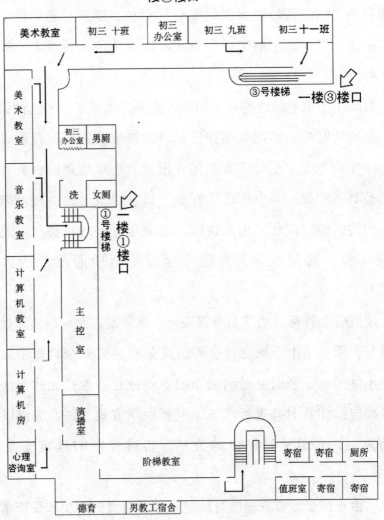

一楼②楼口

| 美术教室 | 初三 十班 | 初三 办公室 | 初三 九班 | 初三十一班 |

③号楼梯

一楼③楼口

美术教室

初三办公室　男厕

音乐教室

洗　女厕

①号楼梯

一楼①楼口

计算机教室

主控室

计算机房

演播室

心理咨询室

阶梯教室

寄宿　寄宿　厕所

值班室　寄宿　寄宿

德育　男教工宿舍

某校安全疏散行走路线图

防震演练中表现良好的同学进行鼓励。当然，对于那些存在错误认识和演练中表现较差的学生提出批评也是必要的。但无论是鼓励还是批评，要是都能遵循延时评价的方式的话，就会取得更好的效果。

延时评价是指在学生做出一件事情或说出一种想法之后，不急于对他的发言进行评价、做出结论，而是让它们处于一种自然发展的状态。课堂上，对于学生正确的答案，教师不忙着去表扬，对于学生错误的答案，也不急着去否定，而是详细了解学生的答案是怎么来的。通过这种了解使学生明白哪怕是错误的答案，对每个人认识的提高也是有帮助的。不急于评判学生所回答的问题的对错或是行动的正误，可以减轻学生怕说错做错的心理压力，这样可以提高他们参与的积极性，可以更好地实现地震安全教育的目的。

在地震安全教育中，要关注学生的个别差异，做好全体学生的地震安全知识水平和防震演练技能的提高工作。无论是地震知识的课堂教学，还是防震演练活动的进行，每位学生都会因个体的发展不同而存在着接受速度的快慢，尤其是对于一些存在身体缺陷的学生，在防震演练中不能很好地贯彻教师所教授的内容是很正常的现象。因此，要注意区别对待学生个体的差异，允许他们在地震安全教育上进度的不同，"多一把衡量的尺子，就会多出一批好学生"，这句话同样适用于学校的地震安全教育。

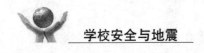
四、构建地震防御的安全网络

在提高学校地震防御能力的努力中，学校要发挥好学校作为学生地震安全教育的主渠道、主阵地、主课堂作用。然而只有学校的课堂教学和防震演练还是不够的，只有建立起来学校、家庭、社会三位一体的地震安全教育网络，才能在完整意义上保护学生的生命安全，也唯有如此，学校的地震防御能力才可谓真正得到保障。

学校除了自身对学生进行地震安全教育，还应该争取学生家长的密切配合。家庭教育是教育的重要组成部分，家庭中的地震安全教育直接影响学生在学校里接受地震安全教育的效果。心理学研究表明，民主和谐型的家庭教育会使学生产生独立、爽直、协作、亲切、善于沟通等良好的个性品质。相反，如果学生在家庭的教育中形成不好的学习习惯的话，也必然会影响到学生在学校里的学习效果。

学校可以通过向家长发送《致家长的一封信》、教师家访等多种形式，积极向家长宣传地震安全教育的重要性，要求家长参与到对学生的地震安全教育中来，并让学生在家里和家长一起做好在家时的地震安全防范工作。家长要做好学生的表率，懂得科学防震的方法，能够为学生在地震安全知识上的疑问进行解惑。

同时，要注意畅通学校和家庭的联系渠道，学校里应该有学生家长电话的登记册，学生家长也要知道学校校长、班主任及其他老

学校要和学生家长加强联系和交流

师的联系方式，这样在发生突然情况时可能保证联络的通畅。

针对学校周边可能存在的不安全建筑和占据逃离通道的情况，学校应该多与相关人员沟通，如果有需要的话可以寻求有关管理部门出面协调解决，把隐患消灭在萌芽状态。

社会在学生的地震安全教育中也应该发挥自己的作用。有些社会性的普及教育可能不是一个学校容易操作和实施的，这时候就需要社会力量来发挥它的作用，比如教育部门可以联合地震、宣传等部门开展地震知识进社区的活动，通过对广大群众进行地震安全知识的普及教育和地震突发时的应对能力的培养，来提高全

社会成员的地震防御水平，当然也会对学生在地震中的安全起到正面的效果。

安全知识的普及需要社会的参与

　　另外，在一些公共场合，可以通过张贴公益宣传广告、政府的防震减灾文件的形式来对广大群众进行地震安全教育，当然也包括对学生的教育。学生上下学乘坐的公交车上，就可以通过播放公交广告的形式来对学生进行地震安全知识"潜移默化"的教育。

　　当然，与学校和家庭里主要是进行地震预防相比，社会在地震防御上最主要的努力方向应该是地震预报和抗震减灾方法的研究。只有有了及时的预报以及高效可行的组织，地震防御才算真正做到位，学生和学校在地震中的安全也才能有保证。

第三节　学校的地震预警系统建设

地震预报，特别是短临预报，在世界范围内都属于困难的事情。为了降低地震灾害给国家和人民所带来的生命财产损失，除了进行地震预报研究和探索外，地震预警系统建设成为一条可以选择的道路。

一、地震预警系统可以减小学生伤亡

地震对学校师生生命是最具威胁性的灾难之一，特别是震级大、震源浅、波及范围广的地震，对包括学校师生在内的人民群众生命和财产安全构成极大威胁，对整个社会的经济发展也会带来摧毁性的打击。举世震惊的汶川地震就造成了巨大的生命和财产的损失。

世界上不少国家，特别是日本、墨西哥等饱受地震灾害侵袭之苦的国家，从加强地震预警系统的建设和应用着手，充分发挥预警系统在防震减灾中的作用，取得了非常好的成效。

汶川地震发生以后，我国地震预警系统的建设加快了脚步。学校的地震预警系统建设，并不是要求学校建立自己的地震预警系统，那样做也是不现实的，学校的地震预警系统主要是要在国家级地震预警系统建设的大背景下，做好地震预警的接口工作，也就是解决信息快速高效传递的问题。比如，当地震预警信号发出时，学校应该如何快速高效地把预警信息传递给在校的所有师生，以利其作出快速反应。

地震预警系统的原理是根据地震发生时地震波中的纵波（P 波）和横波（S 波）的不同传播速度来对地震发出紧急预警的。地震发生时，P 波和 S 波的传递速率是不同的，P 波通过地球的地壳以 6 ~ 7 千米/秒的速度传播；而 S 波经由地壳以 3.5 ~ 4 千米/秒的速度传播，也就是说 S 波传播速度要比 P 波传播速度小一些。地震中 S 波是造成地面

地震时要及时按下警报器

剧烈水平晃动的地震波，是地震时造成建筑物破坏的主要原因，因此通过提前测量到的 P 波来对地震发出紧急预警信息，尽管地震 S 波和 P 波的传递时间差只有短短的数秒到数十秒时间，但可以赢得宝贵的向死神争夺生命以及尽可能减少财产损失的机会。是可以减少地震灾害造成的损失的。

发生地震的学校里，如果距离震中不是太近，学校的地震预警系统能够及时传递给广大师生地震的预警信息的话，就可以实现震前逃离建筑物，会大大减小伤亡的机会。

在地震预警系统建设上，日本、墨西哥等地震易发国家的地震灾害预警系统建设对我国地震预警系统建设有着很大的借鉴意义。

二、日本地震预警系统建设

日本在地震预警系统建设方面以建设"紧急地震速报系统"为突破口，通过面向地震要害部门提供紧急速报服务以减轻地震造成的各种生命财产损失。通过对火车、关键设备的运作和电梯的紧急制动，或者是通过让人们能够来得及采取基本的减灾措施来实现，例如熄灭明火或是躲在桌子底下等避难行动，目标是针对使用地震预警信息来自动地触发紧急事件减灾措施。

日本的地震预警系统最先安装在新干线的列车上，具体的做法是：在铁轨上每隔 20 千米安装一个地震计，采用独立安装的传感器用来分析 P 波信息，并能迅速地把接收到的 P 波信息传递给列车控制系统，以触发列车作紧急制动，以期能在 S 波到来时能够处于静止状态，避免出轨等事故的发生。

随后这一系统也推广至一般铁路，一般线每隔 40~50 千米安装一个地震计，每个地震预警站均连线到列车、区域控制中心、控制中心总部、铁路技术研究所及日本气象厅。当有任一预警站水平地动的加速度峰值（PGA）超过特定阈值时，此站前后共 20 千米的铁路会自动切断列车的电源，以停驶列车。同时控制中心总部的人员将依据预警站所观测的 PGA 以及日本气象厅所估计铁路附近的震度再决定停驶铁路总长度、需要检查铁轨的路段及如何控制邻近路段的列车等。

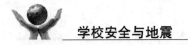
这一预警系统还应用到了大量的生命线工程，比如东京燃气公司用安装在供气地区的传感器得到的信息和土壤与管道信息的数据库作损失评估，开发出了能对燃气供应自动断气的决策支持系统，以便能实际控制关闭气阀的流程。

在逐步范围成功应用的基础上，从2006年8月开始日本气象厅对特定机关发送地震预警信息。自2007年10月1日开始，日本气象厅与日本土地、基础设施与运输部合作，共同推出了面向社会各类对象的地震预警信息速报服务。这一预警服务系统借助卫星通信传输网络实现，并充分利用广播、电视、互联网等方式进行实时预警的发布，为促进全社会防震抗灾起到了非常好的作用。

三、墨西哥地震预警系统

墨西哥城地震预警系统的建设同样也是在地震P波出现，S波尚未到达的数秒至数十秒的时间内向公众发布地震警报，以减少地震带来的生命财产损失。

墨西哥城地震预警系统包含地震探测单元、无线电通讯单元、中央控制单元和无线电报警单元等四个部分，其中探测单元由15个数字式强震仪组成，强震仪每隔25千米设立于太平洋沿岸，阵组总长度300千米，每一强震仪配备有计算机，自动侦测半径100千米内的地震及由初始10秒的振动计算规模。若有规模大于5级的地震发生，则由无线电通讯系统送讯号至中央控制中心，当中央控制中心收到预警站送出的地震讯号，则由无线电警报系统发出警号，声音的警告通过一般 AM/FM 的无线电台及设立于公共场所的警报接收器传递给墨西哥市民。

1995 年 9 月 14 日墨西哥城 320 千米以外的格雷罗州发生了 7.3 级地震，这一系统在地震 S 波到达墨西哥城前 72 秒发出了地震警报。由于及时采取了防震措施，有效减少了人员的伤亡，起到了极为显著的防震减灾效果。

墨西哥城已在大量学校和公共场所安装上地震预警装置，当人们听到警报，就会停止学习或工作，尽快转移到可以躲避地震的地方。但由于这一系统的建设时间相对较早，对地震的探测算法有待进一步加强，同时系统探测的地域还有一定的限制，也出现了不少错报和漏报的情况。当然，客观地看，这一预警系统是当今世界应用成效较明显的地震预警系统之一。

随着科技的进步和人们对地震预警要求的不断提升，墨西哥的研究人员于 2005 年 7 月发明出了通过卫星通信采集预警信号，通过手机发布预警信息的新系统。

这一新型的地震预警系统由三部分组成：埋在地下用于测量地震波的感应设备、负责把地震波信息发送至卫星的传送设备和把预警信号放大并发送至手机用户的卫星。它的工作原理是：当地震发生时，感应设备探测到震源的位置，然后由传送设备把信息发送至卫星，再由卫星将预警信号发送至墨西哥市民的个人手机上。通过这一系统，对于发生在太平洋沿海的地震，墨西哥城市民可以提前

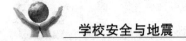

数十秒甚至更多的时间获得地震预警。

目前，墨西哥已在太平洋沿岸的多个州埋设了感应设备，对于这些州沿海发生的地震，如震级超过里氏 5 级，该系统将自动激活，墨西哥城的手机用户即可实时获得预警。

四、我国地震预警系统建设及在学校的应用

我国受地震灾害影响深重，加强地震预报研究十分必要，但地震预报研究的继续进行并不表示地震预警系统建设的可有可无，尤其是进行地震预警系统建设已经具备了相对成熟的条件，可以在学习和总结日本和墨西哥等国家地震预警系统建设的先进经验基础上，快速地部署我国的地震预警系统，通过合理的规划，使其为降低地震危害作出贡献。基于汶川地震中学校师生的伤亡教训，我国的地震预警系统建设过程中，要注意解决及时向广大师生传递地震预警信号的问题。

在进行地震预警系统的建设中，要注意与其他预警系统的融合。地震预警系统是整个国家突发事件应急管理体系预警系统建设的重要组成部分，但它并不是孤立的，与其他各类预警系统是相互依存、互为补充的关系。在部署地震预警系统建设的过程中，要考虑与其他预警系统的互联互通和信息共享，决不能人为地将各种预警系统割裂开来，形成一个又一个的预警"孤岛"。

尤其是在学校的预警信号发布上，要辩证地处理好地震预警信

号与其他预警信号和普通通知的关系。一方面要保证地震预警信号的及时发布，并且能够引起足够的重视，这就要求学校里的预警信号发布要有一定的门槛，不能什么事情都通过地震预警信号的发布系统进行发布；一方面要保证确实需要紧急发布的其他预警信号或是紧急通知能够通过地震预警系统发布出去，而不应该设置过多的限制，导致资源闲置浪费的情况发生。

另外，需要认识清楚的是，地震预警系统并不仅仅是地震预警信息发布的系统，它还必须包括地震监测系统的存在作为支撑。只有有了可靠的地震监测资料，地震预警信息发布系统才有可发布的内容，发布的内容才会有价值。在我国，政府地震行政管理部门是各级政府的地震局，地震预警系统建设的职责理所当然地应由各级政府的地震局来承担，但需要明确的是，各地地震局作为地震专业部门应把重点放在地震监测系统的建设上，只有在确保地震监测信息准确、及时和丰富的前提下，才能使预警系统发挥出应有的作用。

学校里的地震预警系统主要是指地震预警信息发布系统，为了保证预警系统的正常运行，学校要注意做好设备的检查管理，确保与地震监测系统的连接通畅。

一个成功的预警系统，它的最大特点是准确、及时的预警信息能随时触发预警目标对象的科学行动。也就是说，预警系统实际价值的体现有赖于预警信息的使用者能否及时做出科学有效的反应。因此，我国在进行预警系统建设的过程中，也要注意培养人民群众

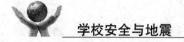

的预警意识。学校的预警系统建设也有类似的要求，通过采取学生们喜欢的形式和方法，对学生进行预警宣传和教育，切实提高学生对预警的反应能力和行动技能，是深入推进学校地震预警系统建设的重要内容。

第四节　学校的地震应急制度建设

学校除了在地震预警上进行努力外，针对临震和震后出现的复杂情况，学校还应该在应对地震的应急制度建设上下足工夫。地震的应急制度建设也是一个国家层面的问题，学校的地震应急制度建设则主要是在配合国家应急制度建设的基础上，针对自身的特殊情况，提出一些具体的应对措施和解决办法。学校的地震应急制度应该包括临震、震时、震后的应急制度，以及学校作为公众避难场所等其他情况下的应急制度。

一、学校临震应急制度

学校在接到上级有关部门发布的破坏性地震临震预报后，校长应该尽快主持召开应急会议，根据上级（抗震救灾指挥部、教育部门、政府部门）的部署和工作要求，宣布学校进入临震预报期，启动临震应急预案。按照应急预案布置防震工作，学校各部门和教师应迅速进入临震应急状态。

学校要成立以校长为组长的抗震救灾应急工作领导小组，负责对抗震救灾的全面指挥工作。领导小组要召开校防抗震救灾领导小组工作会议，通报临震预报震情情况，部署紧急避险和抢险救灾工作；向上级抗震救灾领导机构报告防震减灾措施；根据上级指挥机构发布的地震动态宣布临震应急期的起止时间，根据震情发展趋势决定师生避震疏散时间及范围；检查学校各部门、各应急救援专业小组的应急措施和防震减灾准备工作的落实情况；强化地震知识的宣传教育，防止地震信息误传和谣传，稳定校园秩序；督促校重点部位和易发生次生灾害的部位，采取紧急措施和特殊保护措施，检查消防设施。

　　学校要通过广播、教师口头传达等方式向学生及时发布临震消息，以便其采取必要的应急措施，做好抗震减灾的各项准备工作。学校要对教师和学生公布其专门的抗震减灾电话，并安排人员进行24小时值班，保证电话随时有人接听。学校要安排力量加强对重点单位和重要目标的警卫，做好防范工作，确保安全。对学校的重要档案、物资和器材、设备等做好保护，必要时要提前进行转移。

　　如果临震预报的发震时间已过，但是预报的地震没有发生，学校应及时向地震部门进行咨询，对震情的发展趋势进一步进行了解。如果地震部门发现各种短临和突变异常加剧，从而延长预报期限，则学校应该继续做好临震准备。如果地震部门认为地震险情暂时不会发生，学校则应该作出撤销临震预报的决定，恢复到正常的教学工作中去，同时要提醒全校师生提高警惕，一旦发现异常要迅速上

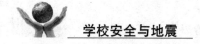

报学校，再由学校报告给地震预报的决策部门。

二、学校震时应急制度

无论是接到临震预报后发生地震，还是没有接到临震预报而突然发生地震，这时学校自然地就进入了震时应急状态。震时应该包括从地震开始发生到地震平息整个过程。地震发生时，应根据当时状态的不同情况，采取相应的措施来避震。

如果地震发生时正在教室里上课，则避震就是以班级为单位进行的，正在授课的老师应该就是避震的指挥者。首先，老师和学生都要保持镇定，老师要指挥学生不要慌张，如果是平房教室或是在教学楼的一层且距离门口比较近，老师可尽快打开教室的门，指挥学生按照编好的小组分组快速撤离教室，等待撤离的同学应先躲在桌子下面，学生撤离完毕后老师也要尽快撤离。如果是处于教学楼的高层，或是距离撤离通道较远，或是地震晃动太大，无法打开教室的门，则应让所有学生都先躲在桌子下面，老师自己也要进行躲避。待地震暂时平息后，要按照小组有序高效地撤离教室，到操场等广阔空地上集合，等待下一步的指挥。

如果地震发生时，正在操作等户外场所上课，则应该就地避震，蹲下身体，用手保护好头部，地震平息后，不要返回教室取东西或是做别的不适举动，应该按照学校先前制定的避震原则，到操场等广阔空地按照班级顺序集合，等待进一步指挥。

如果地震发生时，正在进行课间休息，室外活动的同学应就地躲避或是撤离到操场等空阔的地方。楼道内活动的同学应尽快撤离到楼外，如若距离撤离通道口较远，也应选择就地躲避。教室里的同学应该按照和上课时的避震方式一样的原则进行避震，由于是课间休息时间，没有老师的指挥，同学们要注意自我避震，不要惊慌乱跑，这时也可以有某位同学站出来指挥同学们的避震和撤离。

　　如果地震发生时，正在物理实验室、化学实验室做实验，除了注意按照普通教室里躲避和撤离的避震方式避震外，还应注意及时排除掉安全隐患。如要及时拔掉电源，熄灭酒精灯等。实验室里的一些实验用品可能本身存在一定的危险性，因此一定要特别注意，要防止这些物品产生其他灾害。

　　震时或地震平息后，如果发生着火的情况，要注意及时迅速地进行扑灭。不能扑灭，要及时报警，向消防队寻求支援。

　　在地震平息后，对于撤离到操场的学生和老师进行清点，确定没有未撤离出来的学生和老师。如果学校建筑物没有坍塌现象，要尽快寻求到未撤离学生和老师；如果学校建筑有坍塌现象，也应积极对受埋压师生进行救援。

三、学校震后处置制度

　　在地震平息以后，首先要与外界进行通讯联络，向上级的教育

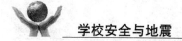

部门和政府部门通报地震情况，向地震部门咨询地震震级、震源等情况，了解地震的严重程度，根据反馈的信息再向上级部门请示是否停课或放假。如果通讯联络不畅，不能从有关部门得到信息或指示，学校领导应该自己做出决策。

震后应尽快联系学生家长，告知学校地震情况和学生的身体状况。如果学校决定暂时停课，要通知学生家长前来领走学生，即使联系不上家长，也不能让学生自行回家，而要为学生提供暂时的生活场所，等待学生家长前来将其领走。

根据地震的严重程度和学校建筑的破坏情况，学校可能会采取暂时的停课制度，至于何时复课，要向学生和家长进行说明，不能准确说明的，要告知学生和家长咨询电话，学校要安排值班人员，对学生和家长的咨询进行回答。如果发生严重的破坏性地震，学校建筑毁坏严重，甚至发生建筑坍塌现象，则自动实施暂时停课，学校要在相关部门的支持和帮助下，设置临时上课场所，把复课时间通知到学生和家长。

严重的破坏性地震发生后，受灾地区学校损失会比较严重，像高考这样的涉及升学的考试，则应该由有关的部门进行专门的研究，学校也可以提出自己的态度和想法，必要的时候采取停考或延考的措施。在汶川地震发生以后，灾区人民生命、生活、生产受到重创，尤其给正面临高考的灾区考生造成严重影响。教育部最终确定四川、甘肃地震重灾区考生实行延期高考，并且考虑到地震对于考生产生的影响，决定对灾区学生实行倾斜政策。教育部门为重灾区考生无偿提供复习和生活条件，保证考生顺利参加高考。对考上大学的孤残考生将免收学费，提供生活费补助；对没能考上大学的孤残学生，实行免费就读中等职业学校，提供职业技能培训。

如果学校建筑是按照较高的抗震标准设计，震后可能会被征用为临时的民众避难所。这时，学校已经不再是单纯的教学场所，而是震后短时的公共避难场所。学校可以行使其一部分管理权，但是其主要的管理工作应该由政府部门进行接管，并对民众避难进行统一指挥和协调。

北川中学毕业班学生备战延期后的高考

第三章

地震与学校建筑安全

汶川大地震发生以后，地震中的学校建筑安全再次成为人们关注的焦点。保证学校建筑在地震中的安全已经成为一个专门的研究课题，引起了热烈的讨论和关注。

第一节 学校建筑质量与学生安全

学校建筑质量对学生安全影响巨大，尤其是地震中学校建筑质量的好坏，甚至决定着师生生命的安全问题。尤其是汶川大地震发生以后，学校建筑质量的问题更是受到全社会成员的关注，把学校建成最安全的地方成为人们普遍的共识。

一、学校建筑问题给我们的教训

在破坏性地震中，学校建筑如果在震时瞬间倒塌，会严重威胁学生的生命安全。在汶川地震中，四川、重庆、甘肃、陕西等地的学校建筑倒塌严重。据不完全统计，四川绵竹市、什邡市共有汉旺镇、遵道镇、九龙镇、武都镇、清平乡、红柏乡、洛水镇等16个乡镇学校的校舍在地震中完全倒塌，江油市175所学校受灾，学校建筑物80%受损，校舍损毁8365间；甘肃省因地震受损学校247所；陕西省汉中市因地震受损学校1120所，倒塌校舍1315间，17571间校舍形成危房。汶川地震也造成许多学生伤亡的悲剧，仅四川省就有5335名学生遇难或失踪。

在为地震中伤亡的学生感到悲痛和惋惜的同时，人们不禁将目光投向学校建筑质量的问题上来。汶川地震震中区的烈度为11度，而当地的设防标准是7度，然而地震超过预计强度，并不意味着符

汶川地震让许多学校成为废墟

合建筑质量标准的建筑物必然倒塌。抗震设防的目标是"小震不坏、中震可修、大震不倒",即当遭受低于本地区抗震设防烈度的地震影响时,一般不受损失或者不需要修理可继续使用;当遭受相当于本地区抗震设防烈度的地震影响时,可能损坏,经一般修理或者不需要修理仍然可以继续使用;当遭受高于本地区抗震设防烈度预计的罕遇地震影响时,不致于倒塌或者发生危及生命的严重破坏。即使倒塌,由于建筑质量的差异,也有不同的倒塌方式。建筑物的倒塌分为"脆性倒塌"和"延性倒塌",前者是指地震发生的短暂时间里建筑物发生瞬时倒塌,汶川地震中的很多学校建筑倒塌就属于这种情况，所以才造成了如此多的学生伤亡；后者指按照抗震标准建造的房屋，遇超过其设防标准的地震时发生扭曲变形的现象，但不会瞬间倒塌，从而为人们留下充足的逃生时间，延性倒塌，可以确保更多的人可以在地震发生之时逃到户外。

汶川震后北川中学废墟

另外，我国的"建筑抗震标准"将建筑根据其使用功能的重要性分为4类，其中学校建筑属于乙类，其抗震要求比列为丙类建筑的普通民宅更强，其目的就在于保护学生的生命安全。而在汶川地震中倒塌的聚源中学，其附近的民宅并没有发生倒塌，这就说明了学校建筑的抗震标准没有按照较高的标准来执行。至于说教室楼面

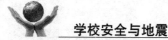

负荷大，学生疏散时又集中在楼梯间，走廊、楼梯是建筑中比较薄弱的环节，所以造成损害的说法，则更是把学校建筑设计时应该解决的问题拿来做震后倒塌的解释。汶川地震中倒塌的学校建筑暴露出学校建筑质量不符合抗震标准的事实，是值得我们特别吸取教训的。

二、好的学校建筑可以挽救生命

汶川地震中也有一些强震后屹立不倒的学校建筑，比如北川刘汉希望小学、四川安县桑枣中学。北川刘汉希望小学 500 余名师生能够安然无恙，是因为他们这座小学三层教学楼的坚固。当时虽然在一、二楼的学生及时跑到操场，但原地在三楼蹲下的学生也未有危险，其原因是这座楼经住了大震的检验。在投资这座希望小学时，做建材和贸易起家的刘汉对建筑进行了严格把关，保证了资金全部用于建筑上。刘汉的汉龙集团全程参与了工程建设质量的监督管理，负责工程监理的汉龙集团办公室主任句艳东，多次大着嗓门跟稍有懈怠的施工人员急眼。颇有经验的他要求施工方，按照设计，沙子、水泥和碎石的比例，水泥的标号必须用够，量也必须用足。桑枣中学的教学楼本身是危楼，校长叶志平常年坚持对其进行加固工作，才保证了地震中的师生安全。

就在汶川地震发生后不久，日本东北地区的岩手县发生里氏 7.2 级地震，震源深约 8 千米，测量结果显示此次地震的摇晃强度与日

在加固中的桑枣中学教学楼

本 1995 年发生的阪神大地震相当，主震发生以后的短短几个小时里，发生 100 多次余震，其中震级在 5 级左右的至少有 3 次。然而，如此大的一场破坏性地震造成的人员伤亡却非常小，学校建筑受损程度也不严重。地震造成 75 所学校设施受损，主要是天棚材料被震落，门窗玻璃被震碎等，没有一名学生在此次地震中丧生。

三、要把学校建成最安全的地方

由于学校建筑质量对学生安全影响巨大，因此要把学校建成最安全的地方的呼声日高。在汶川地震发生以后，灾区恢复重建工作也逐渐提上日程，其中学校建筑的重建更成为人们关注的焦点。教育部长周济强调："学校的建筑抗震标准应高于民用建筑最高标准，我们应该把学校建成最坚固和最安全的地方，在灾难发生时学校应成为群众的避难场所。"

汶川地震让人们不约而同地关注到中小学学校建筑的安全问题。其实，除了地震之外，由于学校建筑不安全造成的学生伤亡事故每年都在发生。中小学学校建筑的安全问题不容忽视，普遍加固校舍和提高防震防灾标准已经迫在眉睫。在提出把学校建成最安全、家长最放心的地方以后，亿万家长和学生感到安心，这也是我国提高教育水平、保障教育民生的一个表现。

新北川中学规划效果图

目前我国的学校建筑安全问题比较突出，尤其是在农村地区。在我国偏远的农村地区，建于20世纪70~80年代的学校建筑普遍存在，这些建筑绝大多数没有按照抗震设防的标准进行建造。另外，由于对农村中小学学校建筑维修改造投入不足，学校往往将价格作为建筑招标的重要条件，新建校舍为了压缩成本而不惜降低质量标准，这些都为学校建筑埋下了很大的安全隐患。

在实行义务教育阶段改革后，农村义务教育实行免费后，我国建立了学校建筑维修改造长效机制，实行中央和地方按比例分担的投入体制。但是，由于历史欠账太多，目前仍存在大量中小学危房。而且随着时间推移，每年还会新增部分危房。学校建筑是安全之本，因此必须对这些危房进行重建或加固改造，把中小学校建成最安全的地方，这样不仅可以在地震这样的自然灾害降临时挽救学生的生命，而且可以成为紧急情况下的群众避险场所。

要把学校建筑建成最安全的建筑，就要求建立健全相应的保障制度，要建立健全所有中小学校建筑的安全档案，对中小学学校建筑安全工程实行全程社会监督，技术标准、实施方案、工程进展和实施结果向社会公布，建设和验收接受新闻媒体和社会监督。有关部门要加强监督，防止出现工程腐败，坚决杜绝偷工减料、以次充好的现象。特别需要注意的是，一些已经被证实的不同建材及制品的房屋震害影响要在学校建筑中充分考虑。

比如20世纪90年代中期以前大量使用的冷拔低碳钢丝构件的房屋抗震性能就比较差。汶川地震中，倒塌或严重破坏的房屋建筑中有不少楼板是预应力空心板，绝大部分破坏的预应力空心板中使用的钢材均为冷拔低碳钢丝，由于冷拔低碳钢丝直径小且表面光滑，钢丝与混凝土的黏结锚固性能差，在较大外力下钢丝与混凝土容易脱开，降低了空心板的延性，最终导致空心板脆性破坏。而冷轧带

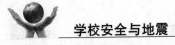

肋钢筋表面具有三面或两面月牙形横肋，其与混凝土的黏结锚固性能是冷拔低碳钢丝的 3～6 倍，因此，在学校建筑中，用冷轧带肋钢筋取代冷拔低碳钢丝就非常必要。

第二节　学校建筑在地震中的安全

要保证地震中学校的安全，很大程度上依赖于保证地震中学校建筑的结构安全，即学校建筑在地震中不会发生瞬间倒塌。为了做到这一点，就需要制定和完善学校建筑防震原则，并保证学校建筑的实际设计和施工都能遵循标准，通过一个完整的保障网络来保证学校建筑在地震中的安全。

一、制定科学的、可执行的防震工作原则

地震造成学校建筑的坍塌和学生生命的伤亡，一方面是地震本身巨大的破坏力是我们所无法控制的，以及我们对于这种灾害的发生没有很好的预测能力；另一方面是我们没有对地震发生的可能性和可能发生地震的大小进行有针对性的防震准备。也就是说，我们没有针对地震对学校建筑造成破坏制定防震原则，面对突然到来的地震就只能表现出无奈来。

在当前学校建筑防震措施中，也有其不尽合理的地方，这和不够明确的建筑防震原则也有关系。因此，具体而明确的学校建筑防

震原则呼之欲出，并且要注意原则的科学性和可执行性。科学性是强调建筑防震原则的合理性，也就是符合科学实际，而不能一味地提高要求而不符合实际情况；可执行性与科学性有其类似的一面，是强调具体的学校建筑防震原则是可以达到而容易变成现实的原则，而不能成为空中楼阁。

学校建筑防震应该将学生的在校安全视为一个重要目标。学校建筑应该达到的最低防震目标是，遇到大地震这样的自然灾害时它的结构不会坍塌。建筑的高级功能是在避免房屋坍塌的同时提供其

日本建筑的防震设计和建造值得我们借鉴

他保护功能，如避免人员重伤、降低建筑受到的破坏、保证建筑在

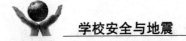

灾后的应急响应中可被立即征用和继续使用。由于大多数学校校园拥有较大的场地，可以为很多人提供食物、厕所和其他类型的设施，因此学校建筑的较高防震目标是，遇到大地震等自然灾害时，能够在震后马上成为公众的避难场所。

要想保障学校建筑的结构安全，第一个要做到的就是制定和完善可行的规章制度，也就是要把学校建筑所要达到的防震要求进行原则化处理，形成制度。为了使学校的新建校舍和现有校舍符合抗震安全性的要求，具体地应该遵循以下防震原则：

1. 全国各地的学校要根据自己所在地的地震危险水平，确定相应的建筑规范和标准。根据地震危险水平的分析，来划定自然灾害的范围和确定自然灾害的程度，如果条件允许，要在概率分析的基础上绘制详细的地震危害图。

2. 根据学校所在地的地震风险等级，制定出清晰且可衡量的建筑要求目标。建筑要求要根据学校所在地的地震危险程度来确定，必须保证国家和地方财政能够有能力执行并且支持建筑要求的目标，在目标实现的过程中可以提供充足的资源和可行的时间表。

3. 为学校建筑的抗震能力确定预期目标。校舍设计、施工和加固工作的目标应该是：地面晃动到一定程度或者发生地表破裂、泥石流、海啸或决堤等次生灾害时，校舍不会出现倒塌、部分倒塌或其他危及人类生命的状况。如果学校要设计成为震后的公众避难所，则要进一步提高学校建筑的抗震性能，以使地震对校舍造成的破坏非常有限，而且地震后学校可以马上成为避难和进行紧急救援的场所。

4. 先将工作重点放在新建的学校上，确保其具备抗震安全性。人们应该尽快在短期内排查出具有地震安全期隐患的校舍、制定校舍加固计划并列出需要优先采取的措施。此外人们需要在更长的时间框架里逐步解决现有学校抗震能力差的问题。

5. 采取预防多灾种的思路来解决学校安全问题，即将降低地震危害的策略作为其他灾种减灾措施的有效补充。

6. 将提高学校抗震安全的工作看作是一项长期事业，要保证对其持之以恒地执行而不只是权益性的短期行为，设立专门的管理机构和技术服务机构，来确保相关政策和技术性问题的决策结果连贯一致，并对学校建筑的防震性能进行评估和验收工作。

二、学校建筑防震性能的保证

为了保障学校建筑的结构安全，除了要做到制定和完善学校建筑防震原则外，最重要的就是要让学校建筑的实际设计和施工都能遵循相应的标准。

为了设计出能够抵御地震灾害的学校建筑，必须要有专业的设计人员，且有可遵循的设计标准。因此高等院校应该提供相关方面的基础教育，并有专业的执照发放机构来为结构工程师设立职业资格标准。有了可遵循的标准后就可以对学校建筑进行正确的设计。

需要特别说明的是，在对学校建筑进行的设计，本身是一个不

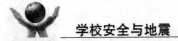

断探索和提高认识的过程，学校建筑的设计的水平是在不断提高的。一些过去的学校建筑设计图纸，依然可以重复使用，尤其是那些被证明为优良设计的，这样也可以节省初始设计和论证的时间和金钱成本。同时，在新的学校建筑的设计中，要注意纠正之前设计中的一些不足之处，通过不断的改进，使学校建筑的设计更趋向合理和科学。

在确定了某个学校建筑的设计之后，包括建筑专家、工程师和建筑承包商等利益相关者在内的各方需要共同确定学校建筑的具体规范。制定规范时必须将所有制约条件考虑在内，根据有限的资源制定出适合本校实际情况的规范。这样确定的建筑规范通常是根据实际成本为建筑的抗震安全设计确定可接受的最低标准。另外，人们制定规范时开展的研究和开发工作，对今后完善规范的工作来说也是非常有价值的资源。当人们不断研发出性价比更高而且更坚固的材料时，这些规范和标准也应随之不断改进。

在学校建筑的设计和规范制定中，学校所在地的地址灾害情况是一个必须参考的因素。获取地址灾害情况的调查可以分为定点式调查和区域性调查两种。定点式的地质灾害报告能够帮助人们找到容易发生山崩、泥石流或靠近断裂带等不适宜修建房屋的地点。针对整个区域开展的地质灾害调查，不仅能给人们带来更多益处，而且比定点调查的成本要低。灾害调查的形式多种多样，如对现有信息进行评估，根据实地钻探、测试和土质分析的结果写出书面报告。地质灾害调查报告是进行建筑设计和规范确定必须考虑的内容。

学校建筑的设计、建筑规范约定，都必须有审查的环节才能保证一切的顺利进行。审查可以保证人们在学校建筑建造的过程中根据规范的要求来进行计划、规划和确定建材规格。学校应要求施工方严格遵循通过审查的计划进行施工，施工过程中出现的任何变化也都需要进行审查。

为了确保学校建筑质量令人满意，必须要有合格的施工人员和过硬的施工技术进行保证，并且在施工过程中和施工结束后都要有专门的检查和测试环节。

由于学校建筑安全与学生生命安全关系重大，因此必须保证施工人员的合格，如果较严格地进行要求，可以要求所有修建学校建筑的承包商、分包商和工人都应该通过独立机构的资格认证考核。所有工人必须具备最基本的专业资质，并且参加过基础培训。因为劳动者的技术水平和他们选择的建材会影响砖的强度。在砌砖时使用灰浆接缝这样的简单工艺也能大大提高墙体的抗震力。

学校建筑的检查和测试则是保证施工时按照已经审查过的方案施工，否则学校建筑的设计和规范制定带来的益处就会荡然无存。对建筑进行检查和测试，必然会增加建筑的成本，通常增加的建筑成本为2%左右，所以检查和测试的频繁程度和严格程度就要根据施工项目的复杂性、施工者的能力、工人的技术水平以及资金的充足与否来进行确定。学校建筑的检查和测试环节是不可省略的部分，一旦缺乏这样的过程，建筑物的抗震安全性就可能大打折扣，因为

建筑质量检查非常重要

建筑规划可能被篡改，便宜的劣质建材业也可能乘虚而入。

三、学校建筑防震的保障体制

学校建筑的安全，除了上面提到的各个方面外，还需要很多方面的保障工作做到位。可以这么说，保障学校建筑安全的必须是一个完整的保障网络，这个保障网络最终以一个学校抗震安全计划的形式表现出来，它应该包括权威机构制定的抗震安全政策、健全的问责制度、标准的建筑规范及其执行机制、技术和施工人员的培训和资格认证制度，以及社会意识和公众的广泛参与，并且所有的这一切都要是一个持续进行的社会工程，其中有些内容更是要求长期的积累和坚持。

抗震安全政策必须提出明确、可测量的目标。相关政府部门需制定出为了实现这些目标而采取的策略以及这些目标的优先次序。此类政策必须清晰明确，并且获得有力的支持。它的执行范围和目标应该具备充分的权威性。

抗震安全政策应该确认保护学生安全的需求；确认保障校舍安全性的必要性；为保障师生的人身安全制定最低标准；根据学校抗震性的预期目标、不同地区的地震强度、现场危害的量化结果以及社区开展防震培训并进行资格认证的能力，依据可持续性的标准指导新建学校及现有学校进行基础设施的设计工作，以便有效地实现既定目标；为校舍及附属建筑编制降低地震风险的计划；提供充足的资金和人力以延长这些计划的适用期限；任用责任心强而且精明能干的领导人负责这些工作，使其具备充足的法律权威性和道德权威性，从而确保从这些政策中衍生出来的计划具备高效性、可持续性和延续性。

问责制是指为所有负责执行地震安全计划的社会成员界定清晰的职责范围，并提供相关依据。为了在各个环节都有明确的问责对象，学校的抗震安全计划应该包括以下内容：明确界定计划涉及的个人、机构以及组织发挥的作用及他们的职责；让所有的计划、设计、监管和执行过程透明化；参与学校设计的专家必须满足相应的专业要求；对于学校设施的设计、施工和维护工作进行考评，即评估现有学校设施的抗震能力，评估并审查新建校舍的施工文件，评估现有校舍加固工程的施工文件，检查校舍施工情况并批准验收，审查设计人员、方案评估检查人员和材料测试人员的专业资格；根

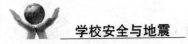

据行政区域以及受灾校舍和学校系统的类型划分明确的司法管辖范围。

学校建筑规范应适用于所有新建校舍和校舍加固计划的设计工作。设计人员需要依据概率论、决策论或震区图来进行地震地动设计。各学校可以根据本地区地震危害和其他相关因素进行评估后确定最适宜的设计标准。为保证学校建筑规范的执行，则应该根据地动特点及各地的地质情况，防止房屋倒塌和控制房屋结构性破坏的标准，海啸、泥石流和地表破裂等次生灾害带来的危害，对社区的社会经济影响来确定清晰明确的学校建筑抗震能力目标。执行建筑规范和监理施工时应该将社区的需求考虑在内，但是必须对学校建筑的设计方案进行量化评估；审查已建好的学校建筑并颁发许可证。保证项目的执行活动不会因为项目成本、工期要求或者其他经济原因而向明显或者潜在的压力妥协。并且要组织专业人员定期审查并修订建筑规范和指导方针，使其包括最新的防震施工技术。

从某种意义上讲，社会意识和公众的参与，对于学校抗震安全性的计划成功与否起着决定性的作用。社会全体成员对学校所在地区的地震危害的认识，对现有学校建筑的地震易损性认识，对不按照标准建设新学校或者不提高现有学校建筑的抗震能力可能带来的后果的认识，对通过改善学校建筑抗震能力的可行性的认识，都会影响到学校建筑最终的质量，也就直接影响到学校建筑的抗震能力。尤其是那些参与学校建筑建设的人员，需要了解为什么要严格遵循建筑规范，以及自己违反这些规范可能带来怎样的后果。

第三节　提高学校建筑抗震性能

学校的教学楼、宿舍、实验室、图书馆、办公楼等，是广大师生在校期间的主要学习和活动区域，人员密集，一旦地震来临，科学的避震方法是先在室内避震，主震过后迅速转移到室外。这就是说，学校师生的避震活动主要是在学校房屋内进行的，学校房屋的抗震性就显得尤为重要。一旦发生事故，后果将不堪设想，因此提高学校建筑的抗震性能就成为一个保证学校在地震中的安全的最重要课题。

一、学校及周边建筑安全的重要性

5·12 汶川地震中的学校建筑安全隐患再次给学校及周边建筑安全工作敲响了警钟。一座又一座教学楼的整体倒塌，仅北川中学的教学楼塌陷，死亡和失踪人数就超过 1000 人。据报道，截至 2009 年 5 月 7 日，在汶川地震中四川省学生死亡及失踪 5335 人，重灾区学校倒塌面积为 199.7228 万平方米。

在众多学校倒塌的报道的同时也出现了一些反差极大的现象：如聚源中学周边的楼房并未倒塌，严重的也只是在震后成为危房。北川中学旁边一座 20 多年楼龄的房子却屹立不倒，旁边还有 3 栋建筑也幸免于难。富新二小所在的富新镇在这次地震中并非最严重的

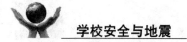

地区，全镇垮塌最严重的就是这所学校。还有刘汉希望小学，这所距北川县城 7.5 千米的希望小学被媒体追捧为"史上最牛希望小学"，是因为这所 1999 年 10 月交付使用的学校教学楼在此次地震中没有丝毫垮塌，该校的 483 名小学生及 28 名教师员工都奇迹般的全部撤离。

据学校的一位负责人介绍"其实建这楼的造价根本不算高，也许这一切只因当时建筑方和监理方高度负责有关"。同样也处地震的重灾区，同样是学校两边却有着截然不同的结果，这不但加重了那些遇难学生家长对"豆腐渣"工程的质疑，也引起了有关专家和政府部门的关注。这么多校舍的倒塌，我们可以认为是这次地震为 8.0 级，超过了建筑物的设计抗震强度，也可以认为这是因为教舍大空间、高采光要求所致，但从媒体报道所反映的一部分倒塌校舍构件混凝土中含有砖块等杂物，所用的石子为卵石，有些构件钢筋细如铁丝等等。这些情况不得不使我们思索：这次地震使大量校舍倒塌而造成这么多师生的死亡，除了天灾之外，是否还有人祸？

建设部抗震救灾专家组成员、同济大学教授陈保胜在勘察了聚源中学废墟后坦言，"死了那么多孩子，我们的职能部门，我们的规划师、建筑师和结构工程师都应该反思。"教育部新闻发言人王旭明表示："作为教育部门，在灾区倒塌学校问题上态度非常明确，一定会配合有关部门进行调查。如果其中有偷工减料的问题，一定要严肃查处，特别是对豆腐渣工程或者有贪污受贿行为的，绝不姑息。"

血淋淋的教训带给我们的，不应当只有警醒，而是应当把学校安全工作切实落到实处。在灾后学校重建和平时的学校管理中，如果能从已有案例中汲取经验教训并积极研究对策，全面排查隐患，防微杜渐，加强管理，明确责任，通过安全教育、生命教育、制订相应的应急预案以及注重防灾设施的修缮等措施，仍然可以在减少自然灾害造成的影响方面起到一定效果，从而更好地保护师生的人身安全。这应当成为学校安全工作的一项重要课题。

在确保学校及周边建筑安全的工作中，不仅仅需要学校领导负起职责，更应当在全社会范围开展行动。地方政府、建设、公安、安全监督、城市管理等部门都需要广泛参与进来，果断采取措施，督促相关单位采取措施，彻底消除安全隐患。

二、学校建筑安全隐患排查及整治

排查学校内和周边建筑设施安全隐患，对于优化学校周边环境，进一步建立学校及周边建筑安全管理长效机制，确保学校师生生命财产和校园安全稳定，具有十分重要的意义。排查范围应当包括全学校校舍、基础设施及周边建筑施工工地、危险化学品生产经营储存企业等。

1. 学校校舍建筑及基础设施安全，包括校舍选址安全、质量安全、抗震安全、防雷安全、消防安全、使用安全以及化验室、危险品储存库、锅炉房及重要部位安全，学生宿舍建筑内商业场所的安

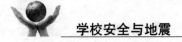

全，学校围墙、挡土墙、厕所、浴室、库房、水井、水池、走道栏杆和供水、供电等设施的安全。

值得一提的是，学校班额和规模问题往往成为重要的安全隐患。汶川地震的灾区调查显示，相当多的学校规模超标，班级学生数超标，从而造成校园空间局促，教学用房紧张，教室内的公共通道被占用，学生距离黑板过近，对学生的身心健康造成不利的影响，更影响到紧急情况下的安全疏散。因此在学校安全隐患排查中，这也是不可忽视的重要一环。

学校对存在安全隐患的校舍等建筑，要请具有相应资质的单位进行安全鉴定，根据鉴定结果制定整改加固或拆除方案，限期完成整改加固或拆除；对经鉴定为 D 级危房的，要立即停止使用，并设置警示明显的隔离区。对学校重点部位和设施，要采取多种形式进行安全改造，确保安全达标。对易发生危险的校内水井、水池、楼梯等，要设置警示标志或者采取加盖、加装防护栏等措施。重点加固学校围墙尤其是毗邻公路的学校围墙，改建学校厕所，更新校舍老化电路，完善消防设施设备，增设逃生通道，防患于未然。学校场地不可出租用于从事易燃、易爆、有毒、有害等危险品的生产、经营活动，校园内场地也不可开放用于停放社会机动车辆。

2. 学校校园内和学校周边建设工程施工安全。建筑施工企业要强化作业现场安全管理，落实有效安全防范措施。建筑施工企业开展工程建设等活动，应完善防护措施并事先向附近学校通报，告知有关安全防范知识。要主动根据学校师生活动范围等实际，合理设置醒目的警示标志、绕行指示标志等，引导师生避让危险。有关生产经营企业、建筑施工企业在学校附近从事建筑施工和生产经营活动，不能保证学生（包括幼儿）在校期间安全、不能保证学校正常教学秩序的，要停止有关生产活动。学校也要根据建筑工程的安全情况，采取暂时调整课时等必要的防范措施。

3. 学校附近生产经营储存危险化学品企业的安全及对学校安全的影响。危险化学品生产经营储存企业要切实落实安全生产主体责任，提高隐患治理标准，加强易燃易爆、有毒有害气体监测，防止发生泄漏、爆炸等事故危及学校师生安全。

4. 对于灾区新建学校的建筑安全，还应当注意：

校址选择应在环境适宜、交通方便、地形开阔、空气新鲜、阳光充足、地势较高、排水通畅、具备必要基础设施、远离污染源及潜在污染源的平坦地段。山地校园应至少有可容纳一个操场的平坦场地。严禁将校址建造在地震危险地段，应避开山脉及丘陵的阴坡面、滑坡体、悬崖边及崖底、泥石流和洪水沟口等可能发生地质灾害地段。高压输电线路、输气（油）管道及通航河道等不得穿越校区。校园必须建在架空高压输电线路的高压走廊之外的安全地带。应设在无污染的地段，不应与集贸市场、公共娱乐场所、生产经营贮藏有毒有害危险品及易燃易爆物品的场所、医院传染病房、太平间、殡仪馆、公安看守所、消防站等不利于学生学习和身心健康，以及危及学生安全和不良环境影响的场所毗邻。

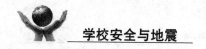

三、学校建筑安全的督查机制

在确保学校及周边建筑安全的工作中，完备的监察机制往往起着关键性作用。事实证明，只要有着严格的执行力，在日常监管中将隐患进行排查、修缮，很多损失是可以避免的。这就要求教育、建设、安监、公安等部门认真履行职责，加强协调配合，形成监管合力，进一步强化学校及周边安全监管。严格项目审批和资质认定，提高学校周边各类生产经营单位的安全准入条件和管理水平。

建设部门加强对施工企业的安全生产许可管理，特别加强对房屋建筑和工程起重机械安装使用的日常监督检查，保障施工设备设施安全运行。

安监部门将严格事故查处和责任追究，配合有关部门加强对学校及周边生产经营企业和施工作业现场的安全监督检查，督促相关企业落实安全生产主体责任。

学校及周边生产经营单位，应与学校签订安全保证书，落实安全责任。

此外在制度建设上，一是建立完善隐患举报奖励制度，鼓励师生、学生家长及社会各界举报学校及周边安全隐患。二是建立健全学校及周边安全事故报告制度，各级各类学校要定期开展安全隐患排查工作，将有关情况及时向教育局、当地政府及有关部门报告，同时报告上级教育行政部门，迟报、瞒报的，要追究有关学校的责任。

纵观整个督察工作，在参与范围上，需要教育、建设、安监、公安等部门的通力合作、认真履行；同时在督察步骤上，也应有不同级别的各类督察层层推进，严格确保督察效果落到实处，这包括以下两个方面：

1. 自查自纠。各个学校应当充分利用日常时间，对校园内及校园周边安全隐患开展自查自纠，对隐患进行认真查找，做好建筑安全隐患排查记录，明确安全责任重于泰山，树立实事求是思想，确保隐患普查到位。

2. 组织检查。第一阶段，可以由教育局配合当地政府组织的县安监、公安、消防、交通、建筑等部门专业人员深入中、小学和幼儿园，全面排查校园及校园周边安全隐患；第二阶段，可由省级教育厅、建设厅、安监局、公安厅等部门成立联合督查组，对当地贯彻落实，进行督查，并针对查出问题督促整改，进一步完善相关制度，抓好落实；第三阶段，由国家有关部门检查。

第四节　震区新建校舍的抗震安全

汶川地震后，教育部、住房城乡建设部、国家发改委联合印发了《汶川地震灾后重建学校规划建筑设计导则》，导则内容由清华大学建筑设计研究院、同济大学建筑设计研究院、东南大学建筑设计研究院等多所科研单位，根据受灾地区的实际情况，有针对性地编

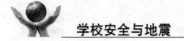

写了相关内容。其中包括强调和重申现行规范和标准的重要内容；细化、量化现行规范和标准中的部分内容；根据现实发展需要，参照部分规范和标准的修编意见，适当调整现行规范和标准的部分内容。这份导则对于灾区重建以及灾区之外的学校排查建筑隐患，整修加固校舍都有重要的指导和借鉴意义。

一、新建学校的建筑设计原则

学校建筑必须以人为本，贯彻安全、适用、经济、美观的原则，根据当地的经济条件、学校适用功能，因地制宜、充分利用地方建筑材料，并突出地域特点。校舍应精心设计施工，建造符合办学要求和适合青少年生理、心理特点的校舍。

校舍建筑根据防御较大自然灾害的设计要求，设计使用年限应为50年。耐建筑防火应符合现行国家有关建筑防火标准的规定。建筑物的耐火等级：楼房建筑不得低于2级，平房建筑不得低于3级。依据重建的设防烈度，在建筑方案、造型、隔墙、女儿墙、楼梯间、走廊以及室内外装修等方面应符合相关的抗震要求。提倡绿色建筑设计，但应以适宜技术为主，反对不切实际地盲目追求高技术手段。

1. 建筑层数

按照导则的要求，农村小学的普通教室应在3层以下（含3层），初级中学的普通教室应在4层以下（含4层）。城市普通中小学校的教学、办公用房宜设计成多层建筑，小学的普通教室宜在4

层以下，不应超过4层；中学的普通教室宜在5层以下，不应超过5层。山区中小学校的建筑层数宜适当降低。托儿活动室宜在2层以下（含2层），幼儿活动室宜在3层以下（含3层）。

2. 建筑层高、净高

（1）中小学

教学用房的层高：小学不宜低于3.6米，中学不宜低于3.9米。

办公用房层高不应低于3.0米。

学生宿舍使用单层床的层高不宜低于3.0米，使用双层床的不宜低于3.6米。

多功能教室、食堂、合班教室、体育活动室等公共教学用房的层高可根据使用要求确定。阶梯教室最后一排的地面至顶棚的净高不应低于2.2米。

（2）幼儿园

托儿所、幼儿活动室、卧室、专用活动室等用房的室内净高不应低于3.1米。

多功能活动室，音体活动室的室内净高不应低于3.6米。

行政、教学办公室室内净高不应低于2.8米。

3. 安全疏散

教学用房的平面组合应使功能分区明确、联系方便和有利于疏散。

疏散距离：位于两个安全出口之间的房屋疏散门至最近安全出口的最大距离中小学不应大于35米，幼儿园不应大于25米。位于袋形走道两侧或尽端的房间疏散门至最近安全出口的最大距离中小学不应大于 22 米，幼儿园不应大于 20 米。

楼梯间在楼层平台处应设缓冲空间，保证人流疏散通畅。楼梯间首层应设置直通室外的安全出口。

首层采用扩大封闭楼梯间。首层外门的总宽度应按该层或该层以上人数最多的一层人数计算确定。

幼儿活动单元用房首层各班活动室宜直接对室外，且对外出入口应接近室外活动场地或道路，以利于人员疏散。楼层各班活动室可借助滑梯等直接疏散至室外合适的位置。

教学用房走廊或房间门口均需加设疏散路线标识。

每间教室应标明最大使用人数限制。

4．建筑构造措施

建筑物在满足功能要求的基础上，应减少装饰附加物，且装饰附加物必须满足抗震要求。

建筑物不应采用玻璃护栏。外廊及阳台应采用安全可靠的现浇混凝土护栏或金属护栏，不应采用砖砌护栏。

中小学校教学楼、学生宿舍楼、幼儿园园舍建筑不宜采用砖砌女儿墙。

如采用玻璃采光顶，要有防玻璃坠落的安全保护措施。

中小学校、幼儿园出入口宜设雨篷，但不宜采用玻璃雨篷。

当屋面坡度较大或同一屋面落差较大时，应采取固定加强和防止屋面滑落的措施，平瓦必须铺置牢固。

空调室外机安装应有牢固的安装措施及防坠落保护措施。

不得缩小建筑物的防震缝尺寸。采用金属板封堵者，不得在封堵材料表面粘贴面砖等刚性外饰面材料。

二、新建学校的结构设计原则

学校用房以及学生宿舍和食堂的抗震设防类别需要根据国家标准《建筑工程抗震设防分类标准》的要求确定。

1. 选择建筑场地时，应根据工程需要，掌握地震活动情况、工程地质和地震地质的有关资料、对抗震有利、不利和危险地段作出综合评价。对不利地段，应提出避开要求；当无法避开时应采取有效措施；严禁在危险地段建造学校建筑。

2. 地基和基础设计应符合下列要求：

同一结构单元的基础不宜设置在性质截然不同的地基上；同一结构单元不宜部分采用天然地基部分采用桩基；地基为软弱黏性土、液化土、新近填土或严重不均匀土时，应估计地震时地基不均匀沉降或其他不利影响，并采取相应的措施。

3. 河岸、沟谷地区地基的设计应考虑下列因素：

应按照防洪标准（GB50201-94）确定建设场区内的场地标高；地基是否存欠固结土、膨胀土、可液化土等软弱地基；洪水冲刷、水位涨落对地基的影响及可采取的防护措施；结构在内个主轴方向的动力特性宜相近；不宜采用单跨的钢筋混凝土框架结构体系；砌

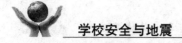

体结构的外廊式教学用房不宜采用无廊柱悬挑外廊形式。

4. 结构构件应符合下列要求：

砌体结构应按规定设置钢筋混凝土圈梁和构造柱、芯柱，或采用配筋砌体等。

混凝土结构构件应控制截面尺寸、配置纵向受力钢筋和箍筋，防止剪切破坏先于弯曲破坏、混凝土的压溃先于钢筋的屈服、钢筋的锚固黏结破坏先于构件破坏，切实做到强柱弱梁、强剪弱弯、强节点弱锚固。

应采用整体性强的现浇或装配整体式钢筋混凝土楼、屋盖。装配整体式楼、屋盖的配筋现浇面层厚度不应小于50毫米。楼、屋盖钢筋应与墙体可靠连接。

5. 非结构构件的抗震设计应符合下列要求：

附着于楼、屋面结构上的非结构构件，以及楼梯间的非承重墙体应与主体结构有可靠的连接或锚固，避免地震时倒塌伤人或砸坏重要设备。

框架结构的围护墙和隔墙应考虑对结构抗震的不利影响，避免不合理设置而导致主体结构的破坏。

装饰贴面与主体结构应有可靠连接，避免地震时脱落伤人。

安装在建筑上的附属机械、电气设备系统的支座和连接，应符合地震时使用功能的要求，且不应导致相关部件的损坏。

出入口处设置的雨篷应考虑上方坠落物的冲击荷载。

6. 结构材料性能指标，应符合下列最低要求：

砌体结构材料应符合下列规定：烧结普通砖和烧结多孔砖的强度等级不应低于 MU10，其砌筑砂浆强度等级不应低于 M5；混凝土小型空心砌块的强度等级不应低于 MU7.5，其砌筑砂浆强度等级不应低于 M7.5。

混凝土结构材料应符合下列规定：混凝土的强度等级，抗震等级为一级的框架梁、柱、节点核芯区，不应低于 C30；构造柱、芯柱、圈梁及其他各类构件不应低于 C20。抗震等级为 1、2 级的框架结构，其纵向受力钢筋采用普通钢筋时，钢筋的抗拉强度实测值与屈服强度实测值的比值不应小于 1.25；钢筋的屈服强度实测值与强度标准值的比值不应大于 1.3；且钢筋在最大拉力下的总伸长率实测值不应小于 9%。

在施工中，当需要以强度等级较高的钢筋替代原设计中的纵向受力钢筋时，应按照钢筋受拉承载力设计值相等的原则换算，并应满足最小配筋率、抗裂验算等正常使用极限状态和抗震构造措施的要求。

钢筋混凝土构造柱、芯柱的施工，应先砌墙后浇构造柱、芯柱。

三、新建学校要遵循的其他原则

关于灾区重建学校的建筑设计，除应执行国家有关工程建设的法律、法规外，综合考虑，还有如下原则应得到贯彻：

1. 安全牢固原则。结合灾后重建规划，严格执行工程建设标

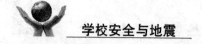

准，将学校建筑的安全放在首位，确保学校建设质量。

2. 功能合理原则。结合当前需求和教育长远发展的需要，既能有利于加快灾后重建的建设速度，又能着力做好优化学校布局，实现学校标准化建设的目标。

3. 防震减灾原则。建筑和环境应综合采取抗震、防火、防洪、抗风雪和防雷击等防灾安全措施，确保师生安全，并能结合城市防灾总体规划需要，当学校作为周边地区人员在意外灾害时的应急避难疏散场所时，在指标计算上应结合防灾规划要求做出相应调整。

4. 创建节约型校园原则。遵循节约用地、节约能源、节约用水、节约原材料和环境保护的基本国策，严格控制投资，在满足安全、适用、经济的前提下，确定适宜的建设规模和装修标准，避免奢华浪费和高标准建设校舍；采用适合地方特点的绿色环保技术、方法和材料，创建新型绿色校园。学校节约资源、保护环境的建设成果应能成为"环境教育"课程的教学载体。

5. 因地制宜原则。根据各地区气候和地理差异、经济技术的发展水平、各民族人民生活习惯及传统等因素进行设计，创建出尊重自然、注重地域环境和地形地貌的多样性校园。

6. 共同参与原则。灾后重建学校在规划设计过程中，应注重与学校建设相关的各方面人员共同参与，在充分沟通的基础上，建立协调与默契的工作机制；尊重规划设计的合理周期，保证项目实施各阶段成果的合理性、连续性和整体性，保证校舍用房建设符合建筑质量及教学使用管理要求。

第五节 安全是相对的

追求在地震中的学校建筑安全并没有错，但是过分强调建筑对于安全的保障作用也不符合科学精神的表现。因此，应该清楚认识，没有绝对安全的建筑，只有根据实际情况确定的抗震安全标准，由此也得出另外一个重要的结论，就是我们在进行建筑安全的设计和建造上，要辩证地对待建筑安全与资源浪费的关系。

一、没有绝对的安全

人类对地震的预测随着科技水平的提高已经大大提升了，但是如同对天气的预测一样，在自然界面前，地震的预测仍然处于初级阶段。这首先是因为地震预测提前期很短，人类主要是通过对地震前期的一些小震波来判断地震的时间与强度，但仍然无法准确确定时间、震中点以及地震距地表距离。地震的破坏程度除与本身强度级别有关，也与当地地质结构、震中距地面距离、房屋建筑结构有关。即使预测有大地震发生，做出人员撤离决定仍然是风险很大的一件事，因为在地震发生前没有人绝对可以预测破坏程度，政府可以要求人们准备，但无法在地震前全员大面积撤离。此外，地震与人的麻痹思想也有很大的关系，许多人一生并不曾经历地震等自然灾难，对地震的破坏心里认识不足，而许多地震又是发生在夜里，

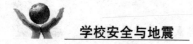

这会更大的增加受伤人数。

在主震发生之后，往往伴随着频繁的余震以及其他的直接灾害和次生灾害，如滑坡、泥石流、海啸以及由地震引发的火灾、水灾、毒气泄漏等等。1999年台湾9·21大地震发生当日，余震相当多，一周内余震数已达8000次，其中6级以上强震8次，至11月21日余震数已高达14428次。地震复杂度和灾情严重度完全超出科学家们的想象预计。这些不确定的因素使得对于地震的安全防范无法到达绝对的层面，一套设计周密、完美无缺的应震方案是不可想象的。因此，在地震面前没有绝对的安全，但是相对安全的建筑物抗震标准，却是可以通过我们不断的努力做到的。

二、相对安全的抗震标准

经过几十年来的科研及技术发展和几代结构师的努力，我国于2001年形成了《抗震设计规范》（GB50011－2001）及很多的抗震构造标准，抗震设计的标准制定经过几十年的反复论证，数据研究和大量的实验，应该说，我国建筑物抗震标准的制定是严谨的科学的。

但是，如果要国家在各地城市全面提高抗震设防标准也不现实。汶川地震是一次极其罕见的自然灾害，不能作为一个绝对参考指标。所以，要提高建筑抗震标准需要一个过程。全国性提高这一标准牵涉到的因素非常多，这要充分考虑国家的经济水平、科技能力等等。

抗震设计一直在倡导"大震不倒"的目标，就是通过各种工程措施尽量实现建筑物，特别是公共场所的建筑（如学校）在遇到类似大地震的时候不倒塌。这一目标从工程措施上看，通过增加配筋等增加结构延性方法是可以实现的。与其说全面提高抗震设防标准，还不如在如何严格执行抗争设防标准上做文章来的现实和有价值。

　　建筑物抗震设计标准真正收到成效，还要通过严格具体的执行力来实施。在我国，一个建筑物需要建设方、勘察方、设计方、监理方和施工方及业内通称的五大责任主体来共同完成，对建筑物抗震设计标准的严格执行需要这五方共同执行。就我国目前现状而言，建筑物抗震设计标准的执行情况在勘察方和设计方两方要比在监理方、施工方和建设方这三方要好得多。

　　其中建设方是执行环节中关键的一环，就民用建筑而言，在建设方（即开发商）这一方，提高抗震设防标准意味着增加建设成本，使得在建筑设计时会要求设计方在标准范围内遵循最低造价原则，但是我国对这方面的要求同样严格，抛开人为因素，不达标的施工图设计是不能通过审查的，也就无法取得施工许可。而勘察设计方，则是执行中较为稳妥的一环，绝大多数的设计肯定为遵循抗震设计标准的红线，很少部分可能由于专业素质的差异会出现设计上的毛病。众所周知，在巨大的个人利益驱使下，建筑质量事故层出不穷，究其原因，在于监管制度及力度的乏力、巨大的利益驱使、从业人员素质不高和其他林林总总。从这个意义上说，地震之后大可不必

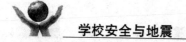

全面提高抗震设防标准，只要严格执行国家制定的建筑物建筑设防标准。

汶川地震中，四川省多所中小学校舍倒塌或受损，因此校舍的质量和安全备受关注。2009年5月1日实施新修订的《中华人民共和国防震减灾法》，全面提高了学校、医院等人员密集场所建设工程的抗震设防要求。在汶川地震发生后，震区重建的各所学校，从原料、施工到质量监督，每个环节都控制得非常严格。施工的每个细节，如书面技术交底、组织图纸学习和流程教育等，都严格按照操作规范进行。据统计，四川需重建学校3340所，确保安全成为地震灾区学校重建的重中之重，重建后的学校最高抗震设防烈度从原来的7度左右普遍提高到现在的8度以上。

2008年7月14日动工、12月31日投入使用的绵竹市遵道学校校长杨兴全表示，全校1271名学生从板房搬到新教学楼后当地发生过几次余震，但教室里的孩子们或者感觉不明显，或者即使明显感觉到，也不再惊慌恐惧了，因为这所学校在他们心里已成为最安全的地方。尽管学校重建速度加快，校舍建设质量的管理和监督仍非常严格。每个援建学校的设计方案都要通过当地建设局和教育局的审查，而当地建设局的质量监督站也会对每个施工环节的质量进行监督管理。援建学校的水泥、钢筋和砖块等建材都是来自有资质认定的生产企业，这些材料还会送到当地的建材质量监督机构进行检测。其实通过层层监管和严格举措，相对安全的学校建筑是可以重新矗立在地震灾区的。

三、辩证对待安全与浪费的关系

汶川地震所引发的学校建筑质量问题带给人们的伤痛是惨烈的，人们正尽着最大的努力、不惜一切代价重建出一个可抗8级、甚至9级强震的崭新学校。然而，一个标志性的汶川一中可以在全国人民的关注中，拼速度、提标准、升档次，但是百废待兴、物资短缺的灾后重建工作中，共有数千所学校需要重建或者修缮，这样的投入是不是值当，或者说是不是一定需要这样巨资的投入才能给世人一个"把学校建成最安全的地方"的承诺，这些问题，很值得在重建过程中深入思考。

距离汶川县城3千米不到的地方，如今矗立着整个汶川县规模最为宏大的建筑——汶川一中。在当地很多人看来，这所质量上乘且规模宏伟的学校之重生，将一扫5·12大地震以来笼罩在四川学校之上的阴霾，成为汶川县乃至阿坝州的重建骄傲。校舍重建被提升到政治任务的高度，任何质量上的怠慢或瑕疵都不能被容忍，高标准、高档次成为灾区学校设计、施工的普遍主旨，与曾经的死难相比，钱在这里变得无足轻重。"一切为了孩子，为了孩子的一切"的标语常见在各处工地之中。为了保证建筑质量，汶川一中的资金预算已逾2.4亿元，钢筋、混凝土环节被严格把关，几乎所有建筑标准都远高于国家标准。

再以绵竹为例，在5·12地震之后，10多所学校彻底不可再用，

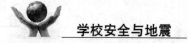

重建无可厚非，但其他学校建筑有的鉴定为 A 级，有的鉴定为 B 级，更多的被鉴定为 C 级。B 级为轻微受损，C 级为加固使用性的轻维受损，D 级为严重受损而不可维修级。众多的 C 级建筑却将在重建中全部推倒，还有一部分 B 级建筑也纳入推倒重建的范围（有一些是 90 年代才修建的，甚至还有 2000 年以后修建的），这种浪费是巨大的！

据统计，国定 39 个重灾县需重建学校 3340 所，估算总投资 487.5 亿元；省定 12 个重灾县需恢复重建 1213 所，估算总投资 37 亿元；91 个一般受灾县需恢复重建学校 4592 所，估算总投资 100 亿元。四川省共需恢复重建学校 9145 所，估算总投资需要 625 亿元。国定 39 县目前已筹 236 亿元，资金压力比较小一点，但是大部分是完全重建，工程量非常大。而剩下的一般受灾县主要靠地方解决资金，目前资金缺口很大。

2008 年 12 月 26 日，教育部网站公布了由 9 家高校建筑设计研究机构编写的《汶川地震灾后重建学校规划建筑设计导则》，指出灾区中小学重建和维护要以安全为首，但同时杜绝浪费。导则中指出要把地震灾区学校建设成最安全、最牢固和最让群众放心的建筑，确保广大师生生命财产安全。但同时也要求严控投资，在安全使用和经济支配的前提下，确定适宜的建设规模和装修标准，避免奢华浪费和高标准建设校舍。住房和城乡建设部有关负责人也曾公开表示，灾区重建项目中，有些建筑的抗震等级已经超过了当地抗震标准，比北京、天津等城市标准还要高，矫枉过正情有可原，但是造成太大浪费并不可取。如果每个重建的学校都能像刘汉希望小学的承建者那样，在施工时严格监理，尽心尽力保证工程质量，即使强震来袭，也依然安然矗立，确保孩子们的毫发无伤。对于存在超标准建设的学校，有关部门可以做一个引导，把该节省下来的资金用在为学校配置仪器装备和提升软件建设水平上，可以大大提升现有的办学条件，那将同样是灾后重建过程中意义深远的大事情。

附一：地震中最牛希望小学——刘汉希望小学

北川刘汉希望小学，位于北川曲山镇海光村，离北川县城 8 千米。该小学建于 1999 年，建筑面积 1268.5 平方米的教学楼分为 3 层，有 12 个教室，共 11 个班，还有 1 个是多媒体教室。震后的学校，周边已成瓦砾。教学楼的交接处裂了两条细细的裂缝，楼后的地面下沉，使得整栋楼稍有倾斜，偏离中心大概有两厘米的距离。地震那天，共有 483 名学生，28 名老师在校，全部安然无恙。

这所农村小学原来是危房。出身教师之家、又当过教师的刘汉，听北川的一位副县长谈起了这个大山里的学校，他决定捐赠一所小学，给翻山越岭来上学的娃娃，学校的名字就以他本人的名字命名。起初，刘汉所经营的汉龙集团只是悄悄捐钱，后来发现，只捐钱并不能保证学校的建筑质量。这时，汉龙集团也成长为业务涉及房地产的大公司，拥有了通晓建筑业的专业人才。因此，既不是承建商，也不是业主的汉龙集团，直接将款项捐至当地相关部门，但全程参

与了希望小学工程建设质量的监督管理。

汉龙集团会亲自过问每一所希望小学的建设。他们把预算的资金全部用于学校建设中去，宁肯多付给建筑商钱，也要在施工中严格地按建筑设计院的设计推荐行事，一直采取甲方供应建材的方式，将材料质量的关口掌握在自己手里。按照设计，沙子、水泥和碎石的比例，水泥的标号必须用够，量也必须用足，否则混合起来，一剥就会掉——水泥的标号是水泥"强度"的指标，水泥的强度是表示单位面积受力的大小，是指水泥加水拌和后，经凝结、硬化后的坚实程度。相关的质量标准还有，建筑材料中，外表光滑的河道中的石头，坚决不可用，必须加工成碎石；扁石决不能用，因为它会叠在一起，影响建筑质量。

刘汉希望小学教学楼和师生的幸存，所有的链条都被一个关键咬合：负责。其中包括负责的政府、出资人、施工方、监理及老师，缺一不可。这些都是最基本的、人为可控的质量。在刘汉希望小学的建设中，当地政府的监管也细致到位。当时的地方有关部门负责人就用最原始的办法验收：用斧头用力砍下去，看混凝土是否经得住这一下。消息传出，刘汉希望小学被喻为最牛的希望小学。同样由汉龙集团捐赠的北川县擂鼓中学汉龙教学大楼，在一片废墟中屹立不倒，连玻璃幕墙都没有倒下。刘汉则表示，"我们只是按图施工，老老实实地盖了这个学校。做人做事要凭良心，要干就好好干。"

附二：最牛教学楼——彭州白鹿中学教学楼

　　5·12 汶川特大地震发生时，一条地震断裂带刚好从彭州市白鹿镇中心校校区内穿过，导致一栋新建教学楼被整体抬高近 3 米，产生一个陡坎，坚固的楼体依然在原地屹立不倒，近千名师生得以平安撤离；而旁边的教师宿舍却完全垮塌，旧教学楼、办公楼均成危房。这栋竣工于 2007 年 8 月的教学楼，被当地人称作"5·12 汶川大地震最牛教学楼"。彭州市相关部门特将此教学楼列为地震遗迹作为旅游资源开发利用，还在教学楼上挂出了醒目的"最牛"大招牌。目前，每天都有两三百名游客来此观光"最牛"教学楼地震遗迹。

　　汪德全是这座楼的建设者。在该楼被当地政府挂上了"最牛教学楼"的牌子后，汪德全也因此被当地人尊为"最牛包工头"。如今，"最牛教学楼"已经成为灾区学校重建参考的样本。作为彭州兴华建筑工程公司总经理，2006 年 12 月，汪德全的公司中标，开始修建白鹿镇九年制学校的教学楼。当时这座楼基地质很复杂，半边是很深的软土，汪德全指挥工人足足挖了 7 米多，直到见到坚实的岩石层，才开始浇灌地基。房子修好后，彭州市质监站的人来检查房屋砌墙的砂浆饱满度，想用羊角锤敲一块砖头下来，结果砖敲碎了也掉不下来。

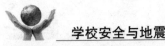

彭州白鹿中学教学楼

　　彭州市教育局负责人介绍，汶川地震，彭州没有一所学校建筑倒塌。少数学生的伤亡大多是被掉落的水泥瓦块所致。彭州在2006年开始执行"农村中小学标准化建设"，成都市政府投资了10亿元来消除全市农村中小学危房。彭州市对这项工作抓得很到位。地震发生前，彭州市中小学已经全部消除了危房。当时彭州龙门山中学有一座房屋是20世纪60年代建的，教育局要拆除，学校的领导觉得还能用，不愿拆。最后教育局坚持必须拆掉，最终这座房子在教育局命令下被拆除，5个月后就发生了大地震。

第四章
学校防震安全演练

　　学校的防震安全演练，和地震安全教育一起构筑起保证地震中学校师生生命安全的保护伞，学校防震安全演练也越来越成为保护师生安全的金钥匙。

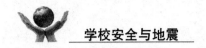

第一节　树立安全忧患意识

纵观中国文化，忧患意识是一种极为重要的人文精神。从哲学的角度分析，"生于忧患，死于安乐"是一种辩证思维，揭示了事物发展变化的普遍规律。生与死，忧与乐，彼此相互依存，又依一定的条件而转化，因此树立忧患意识决不是无病呻吟、患得患失，而是一种对生命负责的严肃态度和意识。我们不希望灾难发生，但是我们必须未雨绸缪，这样才能在灾祸到来的时候，将损失降到最低。

一、学校的特点要求我们树立忧患意识

学校是学生学习世界上各种各样知识的地方，作为中国文化中一种极为重要的价值观念，忧患意识对于学生正确世界观、人生观的形成具有重要作用，学校的教育中没有理由不包含这堂让学生"先天下之忧而忧"的课程。另外，安全知识作为学生必须学会的知识，也需要在老师和学生都能在心里树立忧患意识，才能让安全知识的学习变成自觉的行为，不停留在概念识记和死记硬背上。

有一种说法是，学校是教会学生生存的地方，各门具体的文化知识课程只是为了实现这个目的而设立的"副课"。有些人可能会想当然地认为，我们不是活得好好的吗，为什么要费力气去想怎么生存？其实，这也就是缺乏忧患意识的表现，人类社会进入21世纪以

后，世界经济朝着一体化的方向发展，竞争也趋于全球化而变得更为激烈，能够生存，或者进一步说是为了能够更好地生存，学生在学校必须掌握更强的生存本领。如果没有忧患意识，或是忧患意识不强，学习就没有足够的动力，就不能掌握应有的生存本领。换言之，忧患意识是学生对知识学习的渴望的一剂良药。

在日常的教学过程中，可能出现各种各样的突发情况，比如学生突然发生急性病，这时候就需要在场的老师和其他学生能够及时应对，不掌握必要的急救知识，处理突发问题就会手足无措。而如果缺乏忧患意识，就会对突发情况没有心理准备，也就谈不上及时的救助了。

因此，可以说，学校的特点决定了学校必须树立忧患意识，才能在出现安全问题的时候妥善处理，这也就是常说的"有备无患"。

二、学校安全现状要求我们树立忧患意识

学校是教书育人的地方，应该为教师安全地施教和学生安全地进行学习提供最基本的保证。然而，学校里也存在着各种各样的不安全因素，有自然的因素，也有人为的因素。大到地震、火灾、雷击这样的自然灾害，小到一场暴雨、一次沙尘暴天气，都是自然因素造成的不安全状况。而人为的不安全因素则更是五花八门，体育课上踢足球可能会发生受伤事故，同学之间打架斗殴也是不安全的一个表现。

面对各种自然和人为的不安全因素时，学校应该做好各种处理问题的准备，而对于这些突发现象的处置能力，完全决定于平时的准备。如果缺乏安全忧患意识，一旦出现不安全状况时，学校就会缺乏应对这些问题的能力，不是处置不当，就是处置效率非常有限。

目前，学校的安全状况堪忧，包括交通安全、饮食卫生安全、消防安全、地震等自然灾害安全、学生活动安全在内的各种安全危险都影响学生的安全状况。

1. 学校交通安全。在城市里的很多学校，地处闹市区，学校门

学生的交通安全应该引起关注

口车流量很大，学生出入校门时存在交通安全危险。另外，随着教

育布局的调整和交通基础设施的改进，很多学生都选择乘坐公交车上下学，而运力相对不足，公交车或是接送学生的校车都存在超载现象，有的时候出现严重超载现象，这就为交通安全埋下了隐患。有的司机安全意识淡薄，超速行驶、违规行驶现象时有发生，甚至有酒后驾车行为，严重威胁交通安全。在一些农村地区，有些村子不通中巴车，学生上下学只能选择安全度很差的三轮车、小四轮，甚至有个别是报废车、病车，这使得学生上下学的乘车安全无法得到保障。也有一些年纪较小的学生，自己骑自行车上下学，也给交通安全带来了更多的隐患。

2. 学校饮食卫生安全。学校生源增多以后，寄宿制学生也明显增多，这些学生都要在学校进餐，而学校的饮食卫生水平却不能满足他们的要求。一些学校食堂和学校周边的餐饮店缺乏有效的饮食卫生安全监管，直接威胁着老师和学生的饮食安全。学校食堂是一种特殊的餐饮单位，也是师生就餐的主渠道，大多数中小学食堂都是非赢利性的，无论其卫生状况如何，相关监管部门常因社会影响问题而无法直接关闭不合格食堂，做出的处罚和责令改进措施也难以落实，这就造成了很多学校食堂的饮食卫生状况难以提高。学校周边的餐饮店的管理牵涉到卫生、教育、工商、质监、市容等多部门，各部门职责不够明确，常常是条件越差，什么证都不办，越是没有相关部门管，变成了监管的空白地带。另外，学校一旦发生食品安全事件，也不能及时有效地应对处理，这是因为监管部门的量化分级管理尚未完全覆盖，食品安全有关分析工作不到位，大多数

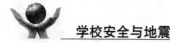

学校无论是常规安全风险预警还是应对突发事件的应急机制都不健全。

地摊食品威胁学生饮食安全

3. 学校消防安全。当前的学校消防安全也存在隐患，公安消防监督部门的触角尚未充分延伸到校园，虽然近年来消防宣传"四进"工作把消防宣传进学校作为其中一个内容，但由于警力有限，对校园内部的安全管理过问较少，学校的消防工作仅停留于宣传上，加之学校防火工作又往往没有受到学校管理层的充分认识。"水火无情"众人皆知，但相当一部分学生对此却缺乏足够认识，缺乏最基本的消防安全常识，防火意识淡薄。在宿舍、教室私拉乱接电线，违章使用电热毯、电炉、电热水器等大功率电器；违章使用明火；随意在宿舍或走廊焚烧纸张、书信等杂物的情况时有发生。另外，相当一部分学校都有着近十年甚至几十年的历史，木结构、砖木结构等老式建筑仍在大量使用。由于当时建筑设计防火等方面的规范尚不完备、法制不健全，导致建筑留下布局不合理，消防通道不畅通，防火间距不够，大型建筑无防火分隔，内部装修大量使用易燃材料等许多先天性火灾隐患。消防设施设备的不足也是学校消防安全上的一个问题。至于消防安全通道上锁、学校消防管理不到位的情况也比较普遍。

学生要掌握灭火器的使用方法

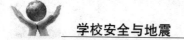

4. 学校地震等自然灾害安全。学校在地震中的安全也一直令人担忧，一方面学校建筑很多都是没有进行过设防准备的，另一方面学校的防震教育和防震演练活动都没有很好地开展，即使开展也大量存在着走过场的情况。在应对地震这样的自然灾害中，学校存在着巨大的安全隐患。

5. 学校学生活动安全。各种学生活动中也存在着较多的安全隐患。学校组织师生在校内举行大型集会或专题教育参观活动，如庆祝会、联谊会、艺术节、科技节、报告会、影视观摩及升旗仪式等各种集会活动或到展览馆、科技馆、博物馆、植物园、工厂、农村和部队等地的参观学习活动。这些活动集中在一定的场所内，通常在学校操场、礼堂或参观场馆等能容纳众多人数的场所，学生参与面广，人员高度集中，活动时间短、节奏快、活动紧凑，因此容易发生中暑、砸伤、炸伤、烧伤、跌伤、窒息、骨折及脑震荡等，严重的也会造成残废甚至死亡。

学校为了增强学生体质，锻炼学生的毅力，开展运动会这样的体育活动，而其中很多的项目都需要参与者具有一定的技能和技巧要求，不少项目还具有较强的竞争性、对抗性，一定程度上具有潜在的不安全性，容易发生诸如摔伤、撞伤、扭伤、拉伤、砸伤、踢伤或溺水事故。

学校组织学生开展春游、夏令营等户外集体活动时，活动场所距学校相对较远，需使用一定交通工具；师生活动范围较大，场所具有移动性；活动时间跨度较长；营地教育类活动多选择在林地、

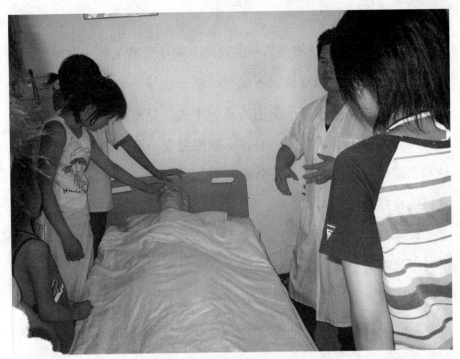

学生要学习一些急救知识

山地、海边等大自然环境开展，周边的动植物分布、地形分布及活动场所内的其他旅游者、周边居民情况可能比较复杂，受自然环境气候条件变化的影响较大，也都存在着各种安全的隐患问题。

针对学生在校内校外的安全隐患现状，无论是学生还是学校，都应该树立忧患意识，要注意防患于未然。

三、如何树立安全忧患意识

安全不保，谈何教育？要树立安全忧患意识，需要做到以下几

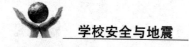

方面的内容：

1. 全体师生树立安全第一的观念。安全是事关每一名师生的大事情，因此安全忧患意识，不能只局限于领导、老师等学校的主管人员，而应当渗透到每个学生的意识中去。只有做到在日常生活中常怀忧患之思，常怀自警之心，不断增强安全意识的系统性、预见性和创造性，想想"我为安全做了什么"，才能形成人人参与、人人重视的良好氛围。

2. 安全忧患意识要辐射于学校生活的方方面面。要特别注意在平时不起眼的小事情中得到应用，不良习惯久而久之就会变成对什么都无所谓，即使是在危险来临时也是麻木不仁了。良好的习惯就是最好的预防，只有小事情做好了，在重大问题面前才会慎之又慎，才能保证安全的实现。

3. 变安全忧患意识为保卫安全的行动。安全忧患意识要做到深入人心，不能只做口头和书面文章，而是切实从每个可能产生隐患的细节入手，及时纠正，形成"安全第一"的良好氛围。学校可以在已开展安全教育的基础上，进一步开展周边安全防范教育工作，把有关内容纳入中小学生教科书和各级学校学生课外读物中，有针对性地加强实践演练，使广大师生掌握必要的安全知识和避险技能。

四、安全忧患意识的长期性

需要特别注意的是，安全忧患意识是一种长期应该持有的观念态度，安全忧患意识应该朝着制度化和常态化的方向发展。各级教育行政部门可以将学校安全工作纳入教育督导评估体系和学校工作奖惩制度，开展经常性的安全检查和督导，以制立规章制度的方式，将安全忧患意识进一步强化、加深、巩固。

国务院办公厅于 2007 年 2 月 7 日颁布了由教育部制定的《中小学公共安全教育指导纲要》，对安全教育的内容等相关问题提供了指导性意见。在实践中容易遭遇的问题是：考试科目挤占安全教育时间；安全教育流于形式、效果欠佳等。其实，安全教育可以以多种生动活泼的、成效显著的方式进行，如激发学生（以至全校师生）学习的主动性，采取让学生收集相关案例进而讨论分析等方法增强学生的参与度；让学生做校园安全的主人，观察校园甚至社区的安全隐患、撰写合理化建议，提交给学校及有关部门；让学校成为安全教育的辐射源，鼓励孩子向家长、亲戚等讲述相关案例、心得等。

需要重点提出的是，学校应该把安全作为一项日常工作常抓不懈，谨防忧患意识随着时间而消逝。巨大的地震灾害，确实会引起我们深刻的安全反思，促使我们当下采取各种各样保障安全的行动。但是随着各项工作恢复常态，安全忧患则渐渐复归为隐性状态而容易被人忽视。安全无小事，安全非一时，只有对于安全工作日积月累的认真与严谨，才能在危险到来之时，将伤亡损失降到最低。

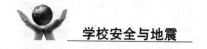

第二节　防震安全演练的组织

近年来世界各地发生的多次破坏性地震中，中、小学生伤亡严重，造成伤亡的主要原因是师生缺乏地震知识和预防避震应急常识，临震组织疏散不当等所致。因此，学校应当在平时积极做好防震演练的工作，才能认真吸取教训，最大限度地减轻地震灾害造成的损失。这些工作包括制定科学设计演练方案、让学生熟悉应急避震的方法、熟悉震后疏散的集中地点和途径的路线，以及进行模拟发生地震的演练。目的是使学生了解地震发生时的应急避震知识，掌握应对地震发生时采取的防护措施和方法，最大限度地降低地震带来的损失，从而提高学生的紧急避险、自救自护和应变的能力。

学校地震应急演练是建立在学校地震应急预案基础上的模拟实战训练。它一方面是促进师生熟悉预案，提高地震应急处置能力，另一方面也可以检验预案的可操作性。本演练方案仅供参考，各地各校在开展应急演练时，应该根据本地本校实际情况，制定切实可行、简单易行的演练方案。

一、演练指挥机构和组织系统

演练指挥部构成与预案中地震应急指挥部基本相同，由学校中层以上领导组成，校长为演练指挥长，其他校领导和保卫科长为副指挥长，各部处室负责人为成员。指挥部全面负责演练组织和现场指挥。演练指挥部下设专门工作小组，由相关处室负责人担任组长和副组长，承担相应职责和任务。

1. 行政秘书组

办公室负责人担任组长和副组长，成员由办公室工作人员和保卫干部组成。负责学校灾情险情汇总及学校安全工作，检查学校教职员工到岗情况，与上级指挥部通讯联络，及时向所在地市、县（区）人民政府抗震救灾指挥部办公室和当地教育系统指挥部办公室报告灾情，并视情请求援助。

2. 避险撤离组

教务处负责人担任组长和副组长。成员主要由教师、教务处工作人员、寄宿生管理人员组成。主要负责指导紧急避险和紧急撤离，设计紧急撤离路线，确定临时避险场所，维持秩序，保护学生，并做好学生的思想与心理帮扶工作。

当班科任教师承担所在班级学生紧急避险的指导任务。

教务处人员、各年段长、当班课任教师、其他在校教师以及寄宿生管理人员共同承担紧急撤离的指导任务。

当班科任教师应该随当班学生一起撤离，并注意保护学生：撤离到安全地带后，班主任和当班科任教师要清点所在班级学生人数，统计人员伤害情况，并报告组长。

其他人员迅速到撤离路线上的预定位置，检查并报告所负责指导撤离的路段是否存在险情。没有险情，坚守岗位，指导撤离，并

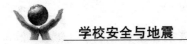

断后随学生撤到操场、田径场等临时避难场所或者校外避难场所。如果发现险情应该立即报告，并视情改变撤离路线。

无法撤离时，被困教职员工应当配合紧急救援组，展开自救互救。

3．紧急救援组

政教处负责人担任组长和副组长。成员以政教处工作人员、校医、生理教师和体育教师为骨干，临时抽调其他中青年教师参与。负责险情和灾情检查和本校救援。在外援部队到达之前，主要负责救援被困的师生，临时处理师生创伤；外援部队到达后，协助开展救援和医疗。

4．后勤保障组

总务处负责人担任组长和副组长。成员由总务处和食堂工作人员组成。主要负责后勤服务，协助紧急救援组检查校舍灾情险情，向紧急救援组提供救援工具和设备。

二、应急演练科目与预期目标

1．紧急避险

为不同地点（如教学楼、实验楼、宿舍楼、体育馆等室内，田径场、操场等户外，一楼教室）上课的班级预定不同避险方式和场所，检验师生应急避险方式科学性和避险场所的安全性。

2．紧急撤离

设计撤离路线，确定临时避难场所，明确指导人员定点位置。

检验紧急撤离路线设计的合理性；避难场所的安全性和师生紧急撤离时的组织纪律性。

3．被困救援

被困类型设计：①被困受损楼房，②被埋压在倒塌的房屋里。检验自救互救准备情况、救援方式的科学性和学校自救能力。

4．医疗救护

创伤类型设计：①脑颅、脊椎及四肢骨折，②创伤出血。检验应急救护的准备情况和紧急救护能力。

组织演练要循序渐进。初次演练，可以只进行上述4项科目中的1项或2项。以后逐步增加难度，可以根据实际条件和需要，增设其他演练科目，如：①火灾扑灭，以实验楼化学实验室为场景；②通讯联络，设定在通讯中断的情况下，向所在地市、县（区）人民政府抗震救灾指挥部报告灾情，并请求部队救援等等。

演练科目的用时长短和难易程度，可以根据实际条件和需要进行策划。

三、撤离路线方案

确定紧急撤离路线及学生分流方案，明确临时避难场所及其分配方案。学生分流方案和场所分配方案应当明确到教室号、实验室号和寝室号。

确定负责指导撤离的教职员工的具体位置。除当班科任教师随学生撤离外，教务处人员、年段长、其他在校教师和寄宿生管理人员指导撤离的定点位置，应当设在学生撤离路线上容易拥挤混乱的地方，如：楼梯口及过道、楼梯的转角处，学校门口及校外撤离路线上可能出现险情的地方。

某校的防震疏散演练

绘制紧急撤离路线学生分流方案、指导紧急撤离的教职员工定点位置和临时避难场所分配方案的示意图，并视情设置有关标志。

四、演练预备工作

1. 演练前一周，应该开展防震减灾科普知识集中宣传活动，并为全校参加演练的师生举办一场以应急避险和自救互救为主的地震科普知识讲座。

2. 组织师生学习和研究学校地震应急预案，熟悉内容，掌握避险方法，明确避险场所和撤离路线以及避难场所。

某校的防震疏散演练

3. 演练科目、紧急避险方式、紧急撤离路线及学生分流、临时避难场所及其分配和自救互救方案的设计，可以让参加演练的师生共同参与讨论。但是，演练启动时刻的设定只由指挥长和副指挥长掌握，必须保密，以增强演练的实战性。

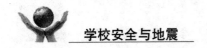

五、演练行动方案

1. 约定行动指令信号

（1）信号使用工具，一般使用铃声、钟声或者哨子。

（2）信号各类名称，一般为演练启动暨紧急避险、紧急撤离和演练结束暨解除险情3种指令信号，指挥部的其他指令可以直接发送。

（3）设计各种指令信号的形式。演练行动指令可以通过广播系统直接发送。

2. 应急演练程序

（1）假定地震发生，指挥部发出启动演练暨紧急避险指令。

（2）师生就近紧急避险。

（3）假定第一波地震平静，指挥部发出紧急撤离指令。

（4）师生紧急撤离，疏散到临时避难场所。

（5）指挥部定点，召集各组负责人：①避险撤离组报告安全撤离师生人数、受伤人数和受伤情况以及可能被困人数；②紧急救援组报告校舍受损和人员被困情况；③行政秘书组报告教职员工到岗情况。

（6）指挥部视情发出指令：①要求紧急救援组组织救援，救治伤员；②要求行政秘书组与当教育系统抗震救灾指挥部和市或者县（区）人民抗震救灾指挥部联系。

（7）紧急救援组开展自救互救，后勤保障组向紧急救援组提供救援使用工具和设备。行政秘书组接通当地教育系统指挥部，并根据需要连接市或者县（区）人民政府抗震救灾指挥部电话，演练指挥部指挥长向所在地教育局汇报灾情，并根据需要向政府领导汇报灾情，请求支援。

（8）紧急救援组向指挥部报告救援工作和伤员救治情况。

（9）指挥部发出结束演练暨解除险情信号，宣布演练结束。指挥长总结和评讲演练情况。

第三节　防震演练中的师生角色

具体说来，演练包括应急避震和疏散两个内容。当地震发生时，先进行应急避震。当主震结束后，再进行疏散，到预定地点集中。在防震安全演练中，学校领导、教师、学生都应该各司其职，完成自己的"角色"任务。

一、学校领导的演练组织工作

应急避震演练要有组织、有计划地开展。在这一过程中，学校的领导和管理人员在演练中起着重要的作用，学校领导和管理人员要预先做好部署，做好分工，既要确保演练顺利进行，通过演练来提高学生的自救自护能力，使学生得到锻炼，也要防止在演练中发生意外的事故。

1. 部署分工，明确责任。

学校领导部门应当提前成立防震演练指挥部，任命总指挥、副指挥、指挥部成员和各个相关场地的具体负责老师，并把责任落实到位。在演练开始之前，老师应到达所负责的岗位。在演练正式开始后，态度严肃，要当做是真的地震发生，而不是一种游戏；及时纠正学生不正当的动作；当发生意外事故时，要及时做出处理；集合后及时清点人数。

2. 亲临指挥，落实方案。

学校领导要具体指挥全校的防震安全演练工作，要从大局上把

某校的地震自救演练

握学生的应急躲避和疏散；同时也要注意深入班级，具体了解各班对防震安全演练的落实情况。学校在演练之前应当制定好疏散路线，在楼梯口以及拐角处要有老师负责维持秩序，避免拥挤和踩踏。疏散的集中地应选择坚实、平坦的开阔地，远离高大建筑物的场地，一般来说，操场是很好的选择。学校领导要注意这些确定的疏散方

案能够在具体演练中得到落实。

3. 维持秩序，安全第一。

在整个疏散演练的过程中，要确保秩序的维持，不拥挤、不慌乱。教室楼层低的学生要跑得快些，以免堵塞逃生通道；教室楼层高的学生要跑得慢些，避免在楼道中造成人流积压。因此在演练方案和具体指挥中，学校领导都要注意对秩序的维持，保证师生在疏散中的安全。

某校的防震演练

4. 总结经验，改善方案。

通过亲自指挥，学校领导会在演练中发现这样或那样的问题，可能是对现有方案执行上的不力，这就要求在以后的防震演练中注意贯彻方案确定的原则和内容；如果是防震演练方案本身存在缺陷，则一定要注意修订和完善方案，使防震安全演练更适合本校的情况，

不断提高应对地震时的防震水平。

二、教师的现场指挥

教师是防震安全演练的一线指挥者，并且由于直接接触学生，对具体学生的情况更加了解，因此教师在防震安全演练中的现场指挥非常重要。教师应该能够充分了解学校防震安全演练方案的内容，并对方案确定的内容进行细化和具体化，确定班级在演练中具体的躲避和疏散方案。教师在防震安全演练中应该做到：

1. 准确传达信息，细化演练方案。

学校的防震安全演练方案，需要经过教师的传达，才能在学生的意识里产生明确的概念；即使学校直接下发了关于防震安全演练的手册，要需要教师对其中的条目进行讲解，才能使学生更加深刻地理解把握其中的含义。再者，学校的防震安全演练本身是针对全校的演练内容而言的，教师应该在拿到学校的方案后，对其进行细化和具体化，也就是说要确定出来本班级的具体执行方案。

2. 实施现场指挥，做好良师益友。

防震安全演练本身具有一定的复杂性和危险性，而教师作为防震安全演练的现场指挥者，一定要注意解决学生在演练中可能出现的各种困难和问题。在安全演练过程中，与平时的课堂教学有着巨大的区别，学生和老师的界限应该没有那么大，老师要注意做学生的良师益友，这样才能让学生产生亲切感和信任感，才能更

某校的防震演练

好地听从指挥，完成演练所要求的内容。另外，特别需要注意的是，老师在现场指挥中要注意班级中有特殊困难的学生，要注意在防震演练中对他们的照顾，可以安排同学对他们进行帮助，或者老师在这个过程中直接施与帮助，这是非常必要的。

某校的防震演练

3. 发现纰漏问题，及时总结汇报。

教师在一线的指挥现场，对于防震安全演练中出现的各种纰漏和问题，能够最直观地发现和认识，因此教师要做好这方面的总结工作，对存在于学校层面的演练方案的缺陷，要注意及时向上汇报，对存在于班级中的个别问题，要注意总结，以免下次演练中发生同样的问题。

某校的防震演练

三、防震演练中的学生角色

学生是防震安全演练中的主要参与者，因此学生的参与程度和对演练方案的执行效果直接影响学校防震安全演练的成败。学生在防震安全演练中应该做到：

1. 当听到地震发生的信号后，学生们立即开始演练，学生要注意保持镇定，切莫惊慌失措。尽快躲避到安全地点，千万不要匆忙逃离房屋。

某校防震演练中的震时躲避

2. 在室内的学生，应立即就近躲避，身体采用卧倒或蹲下的方式，使身体尽量小，躲到桌下或墙角，以保护身体避免被砸，但不要靠近窗口。躲避的时候，要将一个胳膊弯起来保护眼睛不让碎玻璃击中，另一只手用力抓紧桌腿。在墙角躲避时，把双手交叉放在脖子后面保护自己，可以拿保护物品遮住头部和颈部。卧倒或蹲下时，要脸朝下，头近墙，两只胳膊在额前相交，右手正握左臂，左手反握右臂，前额枕在臂上，闭上眼睛和嘴，用鼻子呼吸。

3. 在走廊的学生，也应立即选择有利的安全的地点，就近躲避，卧倒或蹲下，用双手保护头部，不要站在窗边。洗手间内的学生，也要采取应变措施，就近躲避。

4. 在室外的学生，应跑到空旷的地方，要用双手放在头上，防止被砸，要避开建筑物和电线。

某校的防震演练疏散现场

5. 在疏散信号发出后，在教室中的同学们按预先分好的组别，从前门或者后门出，按秩序成单排疏散。疏散过程中应当掌握好速度与节奏，楼层低的同学跑的尽量快些，楼层高的同学跑的稍微慢些，跑出教学楼的同学以班级为单位，在事先规划好的区域会合。室外的同学也要自行主动撤离到指定的集合地点。全校师生安全撤离到指定地点后，班主任应立即进行人员的清点，同时做好心理辅导工作。

某校防震演练中疏散到操场后的场面

地震的发生往往只有很短的十几秒时间，防震安全演练中也就要求以最快的速度把广大同学从危险的室内疏散出去。但也要注意，在逃生演练时，不能只讲速度，而是要看整个过程的顺利程度，认真总结中间出错的环节，及时改正，才能防患于未然。

第四节 演练中注重培养的精神品质

2008 年 9 月 1 日晚上 18：55~20：55，教育部要求全国中小学生收看央视《开学第一课》"知识守护生命"节目。该节目由中央

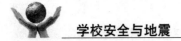

电视台经济频道举办，它以生命意识教育为主题，倡议全国的中小学学生每年每学期都进行应急避险教育。这特殊的一堂课由"潜能"、"团队"、"坚持"、"生命"4节课组成，众多奥运冠军、中国男子篮球队、中国举重队等体育界人士与四川灾区的孩子们，通过游戏互动、讲述点评等寓教于乐的形式，把奥运精神和抗灾精神紧密结合，让应急避险教育深入人心。

精神品质的培养，是学校教育的重要一环。学校的防震演练，不仅仅是针对地震来袭，维系人身安全的一项日常防范措施，更重要的意义在于，通过防震演练的集体活动，有意识地培养同学诸如团队意识、互帮互助、坚持不懈、乐观积极等方面的美好品质。这些方面，不仅是面对生活中任何困难和挫折所应具备的基本人格素质，更可以在地震真正来袭的时候，给人以精神上巨大的鼓舞力量，从而在困境中坚持到底，延续生命。

一、团队精神

在学校这一集体中，每个人都是团队的一分子。所谓团队精神，就是团队成员共同认可的一种集体意识，是团队成员共同价值观和理想信念的体现，是凝聚团队，推动团队发展的精神力量。在团队精神的作用下，每个个体产生主人翁责任感，努力自觉地维护团队的集体荣誉，自觉地以团队的整体声誉为重来约束自己的行为，从而提高整体效能。

在汶川地震中，桑枣中学的同学们所展示出来的团队力量，令人为之惊叹。在第一阵地震波过去后，大家又在老师的指挥下立刻进行了快速而有序地紧急疏散。在地震发生后短短1分36秒左右的时间里，桑枣中学的2200名学生和上百名老师，全部安全地转移到了学校开阔的操场上。尽管这一奇迹，首先来源于一位优秀校长叶志平对全校师生的负责，但同时也离不开参与其中的每一位同学的团队协作。在疏散的过程中，大家有秩序地从先后门撤离，老师们在楼道里喊着"快一点，慢一点"，这似乎有点不合逻辑，但是同学们按照平时的应急演练，都深刻理解到其中的意思。为避免阻塞楼道，楼层低的同学动作迅速快捷，而为了防止踩踏的发生，楼层高的同学很好地控制跑撤的节奏。一方面，老师帮助同学们维持着疏散的秩序，另一方面，也有同学小心搀扶着怀孕的老师走出了教学楼。正是在这样有秩序、有节奏、有责任感的疏散中，桑枣中学的团队精神得到了淋漓尽致的彰显。短短1分36秒创造出来的奇迹，不仅在于保证了师生的生命安全，更是使全体师生的集体凝聚力得到了全面的提升，在地震之后反思其中，这一意义尤为闪光。

二、坚持不懈

坚持是一种很重要的品质，在学生时代尤为值得培养。只有坚持不懈，才能生发出战胜困难和挫折的勇气，才能在困境中保存希望，获得最后的成功。学校防震演练，本来是针对突发的灾害的一

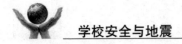

项应急求生预案，是一种理想化的演练方案，但是当灾害真正发生时，真实情况要恶劣很多，因此当遇到困难时，以坚持不懈的勇气和毅力面对并战胜之，是十分必要的。

清清是汶川蓥华镇中学一名初一学生，汶川地震中，她被埋在了教学楼的废墟下。废墟里漆黑一片，长时间的围困让她又冷又饿，害怕是难以避免的，但是她坚持打着手电筒读书，直到最后被救出。当灾难真正来临时，也许会有人单独被被困住。在没有集体凝聚的鼓励力量里，个人面对灾难的心态难免单薄和无助，这时候坚持不懈的精神则会成为重要的灯塔，因此在防震演练中，学校也有可以有意识地设计类似的围困场景，并辅以老师的心理指导，培养同学们在困境里坚持不懈的勇气和希望，直到"脱险"为止。

三、互相帮助

助人为乐是中华民族的传统美德。不但在日常生活中要提倡，在危急关头更应该凸显其重要性。如果遇到困难的时候，每个人都自私自利，不顾他人死活，那么这样的氛围比地震本身还要残酷可怕。因此学校在开展防震演练的过程里，不仅要确保每名师生采取科学方法，最大限度地保护自己的生命，更要在演练的过程中培养互帮互助、共同脱险的意识和品格。

地震前，向孝廉是漩口中学初三（5）班的学生，地震发生时她正在3楼的教室上课，突然整个教室晃动起来。老师慌忙喊大家往外跑。跑到一楼时，就有楼顶的水泥倒下来，压在她身上。后来，向孝廉的同学马健发现了她，一边鼓励她要坚强，一边开始用双手刨挖废墟。4个小时的时间里，马健两手血肉模糊，终于把向孝廉从废墟中刨了出来。当马健背着向孝廉走到门口的时候，方才压住她的墙壁忽然倒塌。如果马健只顾自己的生命安危，那么向孝廉可能早已被坍塌的墙体吞噬。可以说，正是来自同学的无私帮助，向孝廉才得以转危为安，重获新生。

四、乐观积极

乐观积极的情绪无疑是战胜困难的一剂强心剂。同样的事情，分别用消极的心态和积极的心态面对，所产生的结果是不同的。尤其在面对地震这样的突发灾害的时候，如果一味地恐慌、害怕，很可能在援救力量到达之前先被自己吓到。

2008年5月12日下午14：28，绵竹市汉旺镇东汽中学的薛枭，在一阵天摇地动之后，发现自己已经被掩埋在了一片废墟之中。经历了80个小时的坚持与等候，他终于获救。就在人们要将他抬上救护车时，薛枭突然向在场的救援人员说："叔叔，帮我拿支可乐。要冰冻的。"现场的救援人员都被这句话逗乐了，也包括所有处于悲哀和沉痛中的中国人。

同样乐观的，还有李安宁和她的同学。汶川地震发生时，李安宁正在她所在的北川一中高一年级班里上地理课。教室突然摇晃起来，不到 20 秒钟，楼就塌了，三、四、五 3 层楼砸在了一起。因为身子被砸中动弹不得，李安宁只能大声地喊着同学的名字，3 个平时要好的女同学就躺在她身边，却够不到，后来才知道 3 个同学都死了。在近 10 个小时的黑暗中，一些苏醒过来的、活着的同学一起喊话。有人大声喊："高一（7）班的，我们要出去，要挺住。"还有的人喊："我们出去了一定要好好学习。"等待中，同学们一起开始唱歌。李安宁印象最深的是光良的《童话》，里面有一句唱到"幸福和快乐是结局"。带着对生命的幸福憧憬，这个乐观的女孩在骨折之后，依然保持着微笑，积极等待救治。

因此，乐观积极的心态对于战胜困难有着极其重要的意义。在防震演练中，一方面要在老师的安排指引下，避免嬉笑打闹，而是以严肃的态度来面对，另一方面，学校也要有意识地在演练中培养学生乐观积极的精神，避免恐慌，轻松地面对可能发生的灾难，这样才是防震演练中正确的引导方式。

第五章

地震安全制度建设

保证学校在地震中的安全制度建设，成为保证学校、学生安全的探索方向。汶川大地震以后，国外的一些分析研究经验和我国专家学者的研究成果，受到了人们的肯定和推崇。

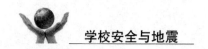

第一节 我国地震安全制度

人类对于安全的追求是从来不曾停息过的，我国古代就已经有了地震安全有关的抗震救灾制度存在。而在当代，尤其是汶川地震发生以后，我国的地震安全制度步入了快速发展的轨道，形成了比较系统的保证学校安全在内的安全保障体系。

一、我国古代的地震救灾制度

古人虽然不了解地震的真相，对地震的认识笼罩在阴阳五行、天人感应等学说中，也没有有效的预测系统，但他们针对地震早已建立了一套及时的救灾制度。发展到清朝，这套救灾制度已经成为一个环环相扣的系统，几乎涵盖了救灾工作的各个方面，具有现代救灾工作的雏形。

1. 救灾抚恤

古时救灾主要有报告灾情、统计受灾范围和受灾人口、赈灾 3 个步骤。

首先是报告灾情。以清朝为例，清朝按灾害造成的损失和影响，把灾情分为 10 个等级，1 级最轻，10 级最严重。一旦某地出现了灾情，县官要迅速将受灾程度和日期报给府台道台，由他们报告督抚，再由督抚上报户部。如果灾情还有后续发展，也要及时向上级更新信息，但时限上可以有所放宽。

第二步是统计受灾范围和受灾人口。清朝规定，灾害发生地的督抚一面向户部报告情况，一面要组织一个勘灾小组。勘灾小组的成员主要是当地的知府、同知、通判和受灾地县令，任务是亲自赶赴受灾地视察灾情，并且为灾情造册。法律要求他们在核实受灾人户时，必须亲自上门落实情况，区分应当赈济的受灾户和受影响较小的灾民，特别要注明那些极度窘困的受灾户，以便为日后赈济时能够区别对待。

第三步是赈灾。古代的赈灾措施不尽相同，最常见的抚恤措施是减免受灾地区的徭役、赋税。有的皇帝也直接赐钱，比如汉宣帝时关东49镇同日地震，6000多人丧生，宣帝下令赐给死者棺木钱；顺帝时京师和汉阳发生大地震，顺帝赐给7岁以上的灾民每人2000钱。皇帝下诏赐物也很常见，比如唐高宗时河东地震压死5000余人，高宗赐给每个死者3匹绢作为丧葬费用。另外，还有皇帝派遣医疗队伍前往灾区救治，比如北魏世宗时肆州地震死伤众多，世宗派遣了一支由太医和跌打医生组成的队伍，携带药品赶赴灾区参加治疗。

2. 严惩渎职

古人对地震灾害非常重视。可以说，救灾过程的每一个步骤都有相应的处罚（以清朝为例）。

在报灾阶段，凡是出现隐瞒灾情不报的情况，该省督抚罚俸一年；不及时报告灾情的，晚半个月以内要罚1个月工资；晚1~3个

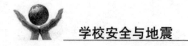

月的要降一级；延误上报超过 3 个月的就要被革职。

在勘灾阶段，谎报灾情、任意增减受灾等级的官员，革职处理；不是故意谎报，但仍然弄错了受灾等级的官员，要降三级。

勘灾阶段是贪官污吏最容易钻空子的阶段，因此法律对这一阶段的渎职行为给予严厉处罚。首先，负责到地方勘验灾情的官员，一切费用由国家支付，不得在地方上压榨，如有受贿、索贿行为，按照贪赃枉法罪论处。其次，官吏如有不亲自勘验、敷衍了事串通胥吏蒙混的行为，要处以杖责一百，之后罢职不再续用。最后，为了防止负责勘灾的官员、胥吏从中揩油，法律规定这些官员承担连带责任，如果胥吏徇私舞弊州县官没有发现，那么州县官要被降一级或者两级调用；如果州县官明知属下舞弊而睁一只眼闭一只眼，则要被革职。同样，州县官中饱私囊而督抚没有发现，那么督抚要被降三级调用。下级舞弊情况特别严重而督抚没有发现的，还有可能被革职。

可见，古代人们虽未对地震有一个科学客观的认识，但却能充分发挥主观能动性，积极应对，在政府的领导下，采取各种有效措施开展救灾活动，并明文规定了各级官员的救灾职责和救灾款项的使用。这些都充分体现了古代社会的人文关怀以及古人不惧自然灾害，积极自救和重建的精神。

二、我国现行的地震救灾制度及法律规定

《中华人民共和国防震减灾法》根据防震减灾工作方针和防震减灾基本法律原则的精神，围绕着防震减灾工作和活动中已经形成制度的一些比较成功的经验和做法，设定了一系列法律规范。这些防震减灾的基本法律制度是以防震减灾工作和活动的客观性和科学性为基础的。为了保证这些基本法律制度得到实现，防震减灾法确立了政府部门和社会公众在实现这些基本法律制度方面应当承担的职责和义务。

防震减灾法主要确立了地震重点监视防御区制度、地震预报统一发布制度、地震安全性评价制度、地震灾害保险制度、破坏性地震应急预案制定和备案制度、震情和灾情速报和公告制度、地震灾害调查评估制度、紧急应急措施制度和紧急征用制度等等。

1. 地震重点监视防御区制度

防震减灾法在第十一条、第二十条和第二十四条对地震重点监视防御区的确定权限、程序，地震重点监视防御区在防震减灾中的主要任务作了明确规定，包括加强地震监测预报工作，对建筑物、构筑物采取必要的抗震加固措施，抗震救灾资金和物资的储备等。这些规定目的在于体现"突出重点、兼顾一般"的原则，将地震重点监视防御区的防震减灾工作和活动作为我国防震减灾工作和活动的重点予以高度重视。

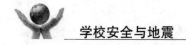

2．地震预报统一发布制度

防震减灾法在第十六条规定了地震预报实行统一发布制度，建立这一制度的目的一是加强发布地震预报的权威性，为防震减灾服务；二是可以防止地震谣言的肆意传播，避免不实的地震发生信息的传播给正常社会秩序造成混乱。

3．地震安全性评价制度

地震安全性评价是对工程场地所进行的地震烈度复核、地震危险性分析、设计地震动参数确定、地震小区划、场址及周围地震地质稳定性评价、场地震害预测等工作，是工程性抗震设防措施的重要内容。防震减灾法对重大建设工程和可能发生严重次生灾害的建设工程、核电站和核设施建设工程等要求必须进行地震安全性评价，并根据经过审定的地震安全性评价结果，确定抗震设防要求，进行抗震设防。第十八条第一款规定，由国务院地震行政主管部门负责对地震安全性评价结果的审定工作。这是防震减灾法对上述重要建设工程的抗震设防所提出的特殊要求，目的在于确保重要建设工程的抗御地震灾害的能力。

4．地震灾害保险制度

地震灾害的成灾面和成灾数量巨大，一旦成灾，人民生命和财产会受到严重损失。为了增强公民在震后的自救能力，防震减灾法在第二十五条规定："国家鼓励单位和个人参加地震灾害保险"。从法律上确立了国家发展地震灾害保险的政策。

5．破坏性地震应急预案制定和备案制度

防震减灾法第二十六条规定，应该制定"国家破坏性地震应急预案"、"国务院有关部门的破坏性地震应急预案"、"县级以上行政区域的破坏性地震应急预案"，并明确预案应包括的主要内容、制定权限、批准和备案程序等。建立这一制度的目的是，确保政府和社会能高效、有序地做好地震应急抢险救灾工作，防止次生灾害的发生或者扩大，迅速恢复社会正常生产和生活秩序，最大限度地减少地震灾害造成的人员伤亡和减轻经济损失。

6. 震情和灾情速报和公告制度

震情和灾情是地震应急和震后救灾中，政府有关职能部门采取各种应急和救灾措施以及组织社会公众参与应急和救灾活动的依据，因此，能否及时、准确地掌握震情和灾情事关地震应急和地震救灾的效率。防震减灾法第三十一条第一款对于震情和灾情的报告制度以及向社会发布制度作了明确地规定，这就为地震应急和地震救灾提供了最基本的决策信息依据。

7. 地震灾害调查评估制度

地震灾害损失的实际情况对于地震灾区的震后救灾和重建具有重要的指导作用。因此，地震灾害损失的结果必须由权威的政府部门作出评估。否则，对于地震灾区的救援措施就可能发生各种矛盾和问题。防震减灾法第三十一条第二款确定了地震灾害调查评估只能由国务院地震行政主管部门或者地震灾区的省、自治区、直辖市人民政府负责管理地震工作的部门或者机构进行。这一规定，从制度上保证了地震灾害损失结果评估的客观性、科学性和权威性，避

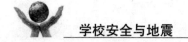

免了盲目评估、重复评估以及不真实评估给地震救灾与重建工作造成的混乱和麻烦。

8. 紧急应急措施制度

地震应急的紧迫性和集中性要求政府在地震应急时期必须具有高度集中的行政管理权力，这种高度集中的紧急行政权力是以限制公民的权利和要求公民承担义务为前提的。所以，地震应急时期政府所行使的紧急行政权力既要有助于应急和救灾的需要，同时又要符合依法治国的要求。防震减灾法第三十二条肯定了紧急应急措施制度的合法性，并对政府可以行使的紧急行政权力作了法律上的明确规定。

9. 紧急征用制度

征用制度是国家行政机关对于行政管理相对人员采取的一种行政措施，它是为了保证某种公益目的或者是行政管理目标的实现，由国家行政机关对行政管理相对人员实施的，提供自己的物资为国家行政机关使用的行政措施。在地震应急时期，因应急和救灾之需，人民政府可以征用行政管理相对人员的物资，这是符合征用制度实施的法定条件的。防震减灾法第三十八条肯定了地震救灾需要作为实施行政征用制度的一个法定条件，并且还规定了相应的征用补偿制度，既保证了人民政府有效地组织社会力量参与救灾，又较好地保证了行政管理相对人员的合法权益。

防震减灾法所确立的上述几项基本法律制度，是防震减灾工作和活动的基础和核心内容，也是制定相关防震减灾法规、规章的前提，防震减灾法律体系正是建立上述各项基本法律制度之上来为防震减灾工作和活动的规范化和制度化服务的。

第二节　地震安全制度建设探索

尽管作为自然灾害的地震难以避免，但如果有一整套完善和具有弹性的救援体系，救援工作快速及时，救援组织合理有序，救援方式和救援手段相对科学，便可以减少无谓的财产损失，及时挽救更多的生命。"制度"这一概念既具体又抽象，它的规则制定，源于现实的需要，又以高出现频率的标准对现实行为起着约束和指导作用。汶川大地震使我们重新开始关注地震安全制度，进一步对地震安全制度的制定进行反思和探索。

一、以国家行政组织和动员模式为主进行地震减灾干预

在重大自然灾害发生时，应该以国家行政组织和动员模式为主进行减灾干预。此次汶川大地震后，党中央、国务院高度重视，胡锦涛总书记、温家宝总理亲临一线指挥，积极动员和组织人员参与抗灾救灾，身体力行地履行科学发展和以人为本的国家责任，赢得了全国人民和国际社会的好评，为取得抗击地震灾害的胜利奠定了坚实的基础。

从世界各国的经验看，重大自然灾害都应以国家组织和动员模

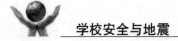

式为主。这是因为，地方政府经济力量薄弱，行政动员范围有限，难以独立支撑起紧急救援的任务；而社会组织、非政府组织和各类民间组织力量过于分散，难以及时、快速和规模化地对自然灾害加以干预。因而，不断完善以中央政府为主以地方政府与社会组织为辅助、以国内救援为主并吸纳国际友好协助的灾害救援体系，是对重大自然灾害有效干预的前提。

要在以国家为主体的基础上，应该通过体制和机制方面的改革，进一步完善社会救援制度。在我国，援助责任分散在规划部门、扶贫、民政等多个部门，进行救灾援助与发展援助时，由于力量过于分散，且缺乏一个组织、协调与责任部门，救援组织活动往往效率不高。应通过此次地震救灾活动的组织，进一步完善救灾制度，结合国家进行的大部门体制改革，把包括发展援助、灾害援助等形式的援助功能加以整合，提高政府对重大灾害的干预效率。

1. 探索纵向救援与横向救援相结合的地震救援体系

要通过救灾活动的组织，探索构建以中央政府为主导，纵向救援与横向救援相结合的救援体系。纵向救援是依赖于垂直管理模式进行的救援组织系统。在我国，由于分税制后财政资源配置重心上移，中央政府组织与干预经济社会活动的能力增强，在援助方面的纵向干预强度也应有所增加。而铁路、民航、电信、社会保障等许多系统也都是纵向管理的，在救灾中也需要这类部门加以配合。人民军队和警察的组织管理方式也是纵向为主的，组织纪律性严密，数量庞大，训练有素，在和平时期进行重大灾害救援义不容辞。在规模化集结、快速部署和投放、抢险工程施工、人员与物资输送等方面，军人与警察都具有其他组织所不具备的优势。

事实上，在世界各国的重大灾害救援中，军队和警察也都无可替代地发挥了关键性、主导性与先行性作用。针对我国灾害类型多样的特点，适应抢救各类火灾、水灾、风沙、地震、滑坡、流行病等灾害的需要，建立应对不同自然灾害的专业化队伍，便可以胸有成竹，临阵不乱，有针对性地进行队伍的部署和调动，及时组织专业化的特种部队和特种警察解决救灾中遇到的技术难题，减缓灾害造成的损失。在具体救援组织过程中，为使救援物资和救援人员能够运入灾区，需要启动各类纵向动员体系，以保障人员、物资、信息流通畅无阻。除此之外，应该完善省市之间重大灾害的横向救援制度。周边省市距离灾区不远，救援物资组织和运输方便，有互助救援的责任与义务，一旦发生自然灾害，周边省市应及时了解与沟通信息，询问灾区需求，尽快组织医疗、食品、药品等救援队伍或物资进入灾区。

2. 提高救援活动的科学性

首先，要提高灾害救援活动组织工作的科学性。在重大灾害发生后，紧急救援需要按照智慧中枢进行资源配置的有序调动与安排。汶川地震中，进入灾区的物资与人员相当多。但是畅通的道路有限，如果没有科学的组织，就可能出现专业化救灾队伍进不去，进去大批的志愿者束手无策的现象；或者出现重型设备没有运进去，大批人员在狭窄的河谷空间徒手救援施展不开的现象，也会拖延救灾

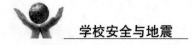

进程。

其次，要提高救援方式的科学性。在水灾、地震等自然灾害发生后的救援组织中，要注意防范并发其他灾害。比如，地震后的余震，地震后的滑坡、崩塌、垮坝，水灾后的瘟疫等等，都应该在组织救援过程中加以防范，以避免出现新的灾害与人员伤亡。此次地震过后，形成许多堰塞湖。如果采取爆破作业的方式人工疏通，可能会造成周围岩体的不稳定，同时诱发余震的风险，应该予以避免。

再次，要提高救灾手段的科学性。自然灾害的发生，通常具有一定的机制与机理，需要在研究清楚其演变方式与规律的基础上有针对性地进行救援，才能有效地减少损失，提高救援效率。但是对于许多自然现象，人类还缺乏深刻认识。像 SARS 病毒的控制，就是在科学手段不足的方式下进行的。不过，在有些自然灾害的技术救援上，我们可以借鉴前人或者国外的经验。比如，我国遭遇严重冰雪灾害的情况相对较少，但是，俄罗斯、加拿大和北欧一些国家遭遇的冰雪天气较多，应该有一些应对的科学办法。如果当时在发生冰雪灾害后，能够通过各类渠道获得北欧、北美一些国家的技术经验，会对我国及时破解消除冰雪的技术难题有所帮助。四川以往的地震发生在松潘较多，此次地震核心在成都附近的汶川，但是，从科学研究与地震预报角度看，松潘——汶川及其延长线的各类地质活动与动植物活动值得长期关注和监测。

3. 保障信息公开和畅通

为高效地组织救援工作，还应保障地震受灾信息、救援信息的公开与畅通。在以往许多时候，由于现行的政府政绩考核体制与运转机制，地方政府不愿意将辖区内出现的灾难事故公诸于众，以免损害了地方政府的形象，对地方的政绩考核与官员升迁产生不利影响。但是，采取不当方式干扰信息畅通和公开，会造成信息的不对称和信息披露的不充分，贻误最佳援救时机，不仅无益于灾害救援组织工作，还会进一步放大灾害损失和人员伤亡。

此次汶川地震后，中央政府一开始就采取了公开信息的方式，让社会各界充分了解灾害的局面和救灾的进展，得到了全社会的理解与国际社会的赞誉，也提高了地震灾害的救援效率。公开透明的信息，让社会直面灾害救援的方向，提高了社会各界对地震灾害的关注度，动员了全社会力量支持救援和参与救援，形成了全社会支持救灾的合力，有力地配合了政府主导的救援活动。

二、应有常设机构负责处理突发灾难

汶川地震发生后，国家迅速成立抗灾救灾指挥部，由国务院总理温家宝任总指挥，党政军各部队协调行动，这对整个抗震救灾行动的顺利展开，起到了决定性的作用。

历年来许多重大抗灾事件发生后，无不由国家领导人和最高国家行政机关牵头，由相关部门临时组成指挥部。但灾难如此频繁，这种临时性的编制，能不能以一种固定的方式保留下来，形成一个常设机构呢？不能每遇突发事件，都由国家最高行政机关全力领导

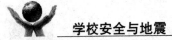

和指挥、干预，这势必将影响社会运行的其他方面，疲于奔命，顾此失彼，人为地增加灾难的成本。国家应当设立一个专职负责处理重大灾难和突发事件的部门，建立一套完备的灾难处理系统和自行启动模式，灾难一来，各相关部门不待上级召集，就自动就位，赶在第一时间阻断灾难蔓延，保护要害设施和部位，而国家最高机关则可以洞察全局，运筹帷幄，统筹兼顾，有条不紊。

1. 先进国家无不拥有专门负责处理应急事件的机构。

1979 年，时任美国总统卡特签署命令成立联邦突发事件管理署，从此改变突发事件多头管理体制。2001 年"9·11"事件后，布什总统合并 20 多个政府机构，成立了一个新的国土安全部，联邦突发事件管理署被并入该部成为"突发事件准备局"。国土安全部不仅负责处理自然灾害，也应对生产和社会的其他突发事件。经过 20多年的完善和发展，美国现在已经建立了一个以减灾体制、指挥系统、救援力量和信息发布为主体内容的比较完善而高效的应急机制。

俄罗斯 1991 年独立后于 1994 年成立了紧急情况部，拥有国家消防队、民防部队、搜救队、水下设施事故救援队、小型船只事故救援队在内的多支应对紧急情况的专业力量。其主要任务是制定和落实国家在民防和应对突发事件方面的政策，实施救灾活动。该部所属的各种救援队伍，有着惊人的快速反应能力，3 个小时可以完成在俄境内的集结，24 小时可以开赴全球任何地点。在汶川地震国际救援行动中，俄罗斯紧急情况部以速度、效率、及专业化程度给中国人留下深刻印象。

日本以法律为准则，由中央防灾会议负责在灾难发生时，推进应急计划的实施，视情况协调首相和各地道府县，全国上下迅速展开全面动员。由于日本从政府到国民高度重视防灾抗灾工作，设立了专门的"防灾日"，经常进行演习，所以日本的防灾工作在世界上是名列前茅的。

中国目前实行的还是在一个临时性、非常设机构的领导下，由一个或者几个具体的部门来应对突发和应急事件。这有点类似美国1979年前的情况。2003年"非典"后，国家已意识到建立健全应急管理机制的紧迫性和重要性，2007年11月施行了《中华人民共和国突发事件应对法》。但和先进国家比起来，我们还有许多需要改进的地方，特别是应尽快组合相关部门成立专门的应急机构，像"9·11"事件后美国所做的那样。专门机构成立之后，应当健全包涵"预警、灾后救援、灾后恢复"等内容的应急机制。在汶川地震救助行动中，社会比较注重物质救援和政治层面的鼓励，在心理援助、人文关怀方面比较欠缺，另外灾害预警和灾后恢复也未形成机制。

另外，2008年初雪灾和汶川地震救难，以志愿者为代表的民间力量发挥了重要的作用，但也暴露出现有救难机制，没有渠道容纳更多有能力有条件和有意向参加应急救灾减灾体系中的单位和个人。

在构建未来应急机制中，除组织各职能部门的联动之外，还要注意鼓励、动员、发挥民间力量作用，将其纳入到应急体制中。

还有一点，在汶川震灾救难行动中，信息舆论的作用表现突出，不仅焕发起了海内外华人的力量信心和勇气，还赢得了国际上的广

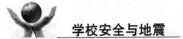

泛同情。及时、公开、真实的信息发布，也应纳入到应急体制的构建中，这将有利于舒缓压力，引导社会情绪，凝聚民心，鼓舞士气，战胜困难。

2. 常设应急机构平时的主要工作是预防。

国家成立处置突发事件的专职部门后，有灾固然要抗灾，没灾的时候，其平时主要工作，应该是在全社会进行防灾、抗灾理念普及，推动立法和执法机构，将安全措施落实在与人民生命财产密切相关的领域，比如学校、医院等人员密集的公共建筑、住宅等。就中国应该从四川大地震中吸取什么教训，联合国国际减灾战略秘书处主任布里塞尼奥以严肃的口气对《参考消息》报记者说："灾难是可以减少甚至防止的。你不能防止地震，但你可以把房子建造得更牢固。造成人员死亡的不是地震，而是不结实的房屋。日本媒体称，中国四川大地震中倒塌、受损的房屋共计约 2678 万户。"虽然过去也曾发生过大地震，但中国的建筑抗震标准不足日本的一半，重庆、绵阳和德阳等地的房屋抗震标准仅为日本的的 1/6。特别是幼儿园和学校的不合格建筑，是造成此次地震重大伤亡的主要原因。在地震多发的四川地区尚且如此，其他地方建筑质量更加令人担忧。

每次大灾难过后，我们都要动用各种媒体的力量，大力宣传先进事迹，宣传民族的克难精神，如果事前我们也能以这种热情宣扬预防自然灾害的意识，并将之贯彻在校舍建设上，那么诸如刘汉希望小学这样的校舍，就不会以"最牛"、"奇迹"这样的名义矗立在灾后的废墟上。

汶川震后，中国教育部部长周济在一次会议上说"要把学校建成最坚固和最安全的地方"，但是教育部的这一殷切的愿望，还要通过国家有关部门和建筑开发商得以实现。如果有了专门的应急机构进行监管，这类工作就有希望大力推动和落到实处了。

三、要建立一支专门的救难队伍，激活庞大的地方军和后备军力量

和历次救难行动一样，这次汶川大救难，主力仍是解放军。中国再次上演了一出万众一心抗震救灾的凯歌，尽管子弟兵的舍身忘我精神令国人撼动，但灾后我们仍然需要思考建立专门救难队伍的问题。

中国各大军（兵）种、大军区的主要使命，是防御外敌入侵和维护国内政治稳定，对于救灾只是临时性的任务，故从编制、装备、训练上，都没有直接的针对性，这不可避免地将影响到救灾效果。同时，动辄使用国家常备精锐部队，在当前中国国防安全形势一直比较严峻的情况下，也是非常不利的。更由于我国灾难频繁，如果每次都使用国家常备精锐部队，一旦出现外患问题怎么办？一旦重大灾害同时多处发生怎么办？因此，这些都不能作为抗灾的长久之计。

从这次汶川救灾的经验教训看，未来我们有必要在现有武装力量——主要是武警部队中，改建部分专门的救难部队，配备专门装备，进行专门训练。救灾如同打仗，兵贵精不贵多。以专门的救援

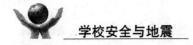

队伍为龙头，以我们现行武装力量体系中庞大的后备兵员为龙身，编组得当，足以在人力上保障全国所有地区的各种自然灾害，而不需要全国调动三军常备部队。中国有数百个预备役师，平均每个省都有数十万人，这是一支多么可观的力量。

常备军主要担负应对现代战争的主要任务，现有的省军区系统和民兵、预备役力量，则主要应对平时的突发灾害，作为国家专业救难队伍的主要部分。这样，既不会因为天灾损害国防安全，同时，地方军和预备役的经常性拉动，也是动员和机动能力训练的最好机会。相比于大规模动用精锐常备军，由于预备役和民兵多在本地，距离近，地形熟，可以快速到达和展开，实际效果要好得多。在国家专职应急部门和地方政府的统筹下，组织、训练、使用好我们武装力量中的后备军，不仅是抗灾救灾的现实需要，也可以大大提高整体的军事效益。

第三节　学校安全制度建设

为提高学校及师生的防震减灾意识和震时应急、自救互救能力，进一步加强各级各类学校的防震减灾知识教育工作，学校及师生都应在平常的工作、教学和学习中注意学校的安全制度建设。

学校安全制度建设中的最核心问题，就是要解决如何保障学生和教师的人身安全、教学秩序的正常运行。以此为目的建立起来的学校安全制度，必须是通过相关要素之间的安全、稳定、有序、有效的工作，从而使整个学校的安全制度保持过程连续、节奏有序、结构稳定、功能完整、具备一定抗风险和抗干扰能力的一种安全保障系统。

一、学校安全制度基本原则

学校安全制度建设必须要依据一定的原则，这是进行学校制度建设和管理的基础条件，主要原则有：

1．生命安全第一原则

学校作为培养人才的公共部门，危机处理的核心价值就是要保护师生安全。这是"以人为本"的教育观念在危机处理事件中的体现，也是处理学校危机事件的基本理念。

2．符合本校实际原则

学校对可能发生的各种安全威胁，都应在借助案例总结经验教训和吸取相关预防研究成果的基础上作出预案。制定的预案必须是符合本校的实际情况和特点，符合应急事件处理的实际需要，有现实的必要性和针对性。学校的安全制度建设必须根据学校量体裁衣设计，不得生搬硬套别校的预案或计划。

3．针对性原则

学校任何一项安全制度的制定，都是应该针对学校可能出现的危机和紧急情况的。不同的学校不仅要根据其不同的地理环境、人文历史、管理模式、学生年龄结构，学校危机处理的重心、程序和

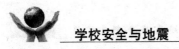

策略的不同，而有测量、有区别地制定本校的安全制度；而且要根据不同制度所要保证的安全内容的区别，而进行针对性的设计，也就是说在制定某个制度的时候一定要体现其个性。

4. 实用性原则

学校防灾减灾，师生的自我保护意识和基本技能的培养，对于学校沉着应对危机事件，尽可能减少危机事件的负面影响至关重要。因此，学校设计的应急预案和培训演练计划，必须保证可操作性强、实用性强，危急事件来临时能真正发挥作用。

5. 不断完善的原则

学校制订应急预案从整个安全制度到具体的安全制度都要不断改进、完善预案。使其在整个危机处理机制中发挥作用，不断提高师生应对危机事件的快速反应能力和综合协调能力。

6. 系统性原则

学校各项安全制度之间应该存在着一种内在的逻辑联系，并且各项制度能够涵盖学校安全的方方面面，也就是说，学校的安全制度建设要以建立系统性的学校安全网络为目标。通过建设学校的各项安全制度，能够完全地保护学校的安全。

二、学校建筑要设立防震标准

据汶川地震后的有关统计表明，倒塌楼房90%都是1995年之前建的，其中上世纪80年代的占了一半。而我国的建设监理制度从

1988 年开始试行，1993 年后逐步推开，到 1997 年《建筑法》以法律制度形式明确我国实行建设工程监理制度后，才在全国范围内推行。

由此看来，倒塌的大部分校舍在施工时并没有实行工程监理，在全面推行工程监理后，其倒塌学校的数量明显减少。因此工程建设监理在目前的建设体系中发挥了重要作用，也说明原建设部在《建设工程监理范围和规模标准规定》（86 号部令）将学校、影剧院、体育场馆项目定为强制监理的范围是非常有必要，而且其强制监理的范围和力度应进一步加大。

加强建设工程抗震设防的管理，提高建设工程的抗震设防水平，是提高城乡防震减灾能力的重要措施。全国人大常委会于 2008 年 10 月 23 日首次审议的防震减灾法修订草案明确规定，学校建设工程应高于当地房屋建筑抗震设防要求。

修订草案规定，学校、医院、商场、交通枢纽、公共文化设施等人员密集的建设工程，应当按照高于当地房屋建筑的抗震设防要求进行设计，采取有效措施，增强抗震设防能力。新建、扩建、改建建设工程，应当达到抗震设防要求；重大建设工程和可能发生重大次生灾害的建设工程，应当进行地震安全性评价，并按照经审定的地震安全性评价报告所确定的抗震设防要求，进行抗震设防。同时，县级以上地方人民政府应当加强对农村村民住宅和乡村公共设施抗震设防的管理，组织开展农村实用抗震技术的研究和开发，推广科学合理、经济适用、符合当地民族特色和风俗习惯、达到抗震设防要求、满足不同户型结构需要的设计图集和施工技术，培训相关技术人

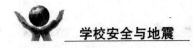

员，建设示范工程，逐步提高农村村民住宅和乡村公共设施的抗震设防水平。

三、学校应建立危机处理制度

汶川大地震中，绝大多数的学校没有应急准备，一切显得毫无章法。这反映出目前学校缺乏一个对安全危机进行有效预防与及时预警、统一指挥与协调的制度性平台——学校安全危机处理制度。

学校危机是指发生在校园内或与学校成员有关的事件或情景，对学校成员造成不安、压力和伤害，而以校园当时的人力与资源又难以立即有效解决的事件。学校危机主要包括两大类，一类是自然灾害不可抗力引起火灾、地震、台风、洪水、泥石流等，另一类是人为因素引发的突发性事件，如公共环境卫生、健康卫生、疾病预防和医疗卫生事件、火灾、工程质量等造成的重大事故。

针对学校危机的处理，汶川地震中的桑枣中学成为一个不得不提的经典案例。四川安县桑枣中学紧邻北川，在汶川大地震中同样遭遇重创，但该校校长叶志平了解汶川在四川的龙门山地震带上，这里发生地震的机率较高。特制定了符合本校的危机处理制度。从2005年开始，组织全校师生每学期进行一次高质量的紧急疏散演习。由于坚持4年组织学生紧急疏散演习。地震发生后，全校2200多名学生、上百名老师，以班级为单位，用时1分36秒。从不同的教学楼和不同的教室中，全部冲到操场。无一伤亡！令人惊叹是每间教室，学生的座次均按9列8行排列。地震发生时，学生如何撤离、每列走哪条通道，都逐一细化。

桑枣中学的案例启示我们，学校安全危机处理制度的基本特征就是学校以危机意识或危机观念为指导，由学校的主要领导人组织相关人员，建立一个统一的危机管理专门机构，收集并分析危机信息，制定危机处理计划，培养危机应对能力，对学校可能发生的或已经发生的危机进行预测、预防、反应、恢复的系统化应对过程。换句话讲就是对一定区域范围内的学校安全现状进行评价，通过容易造成学校伤害事故成因进行系统的分析，对其发生、发展及造成的危害进行测度，预报不正常状态的时空范围和危害程度，对已有的问题提出解决措施，对即将出现的问题提出有防范措施的报警和调控系统。

四、学校防震减灾工作的落实

新颁布的《中华人民共和国防震减灾法》、国务院《中小学公共安全教育指导纲要》和教育部《中小学幼儿园安全管理办法》等，对学校的防震减灾工作都做出了详尽的说明。

1. 学校应当加强防震减灾方面的知识宣传。防震减灾知识教育和相关能力，应当作为学生安全教育的重要内容纳入教育计划，这其中重点包括地震发生时如何有效迅速避险、逃生、自救互救等知识。

教师队伍的防震、避震技能培训，也是加强防震减灾教育的重

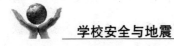

要环节，通过提高教师应对突发事件的能力和心理素质，通过老师—学生—家庭—社会，可以把防震减灾与应急知识辐射到全社会。

学校还可以充分利用现有资源和条件，在不影响正常教学秩序的前提下，开展各种形式的防震减灾宣传课外活动，如举办征文、绘画、板报、竞赛、广播、讲座等，不断提高学生的防震减灾意识。

学校还可以与地震部门协调，咨询防震减灾的宣传资料，并可邀请有关专家走进校园，开展地震知识讲座，实地指导帮助学校开展防震减灾法制宣传和科普教育。在开展宣传教育工作的同时，也要注意把握好宣传尺度和方式，做好宣传解释工作，以免造成误解，产生心理恐慌，影响学校的正常教学秩序和社会稳定。

2. 开展经常性的集体疏散训练也是必不可少的。可以在地震部门的指导下，根据学校的实际情况，制定出科学合理的地震应急预案。

应急疏散预案要尽量细化严密，从老师到学生的责任、每个班的疏散路线、楼梯的使用、不同楼层学生的撤离、到操场上的安全位置等都要有科学合理的安排。在此基础上，每学期至少要举行一次应急避险和紧急疏散演习。根据演练中发现的问题，不断修改完善预案，增强学校地震应急预案的可操作性和实战性。

在应急避险、紧急疏散训练演习要循序渐进，不可盲目求快，防止因演练不当造成师生踩踏伤亡事故发生。

3. 有效的监察机制也是学校防震减灾工作中不可或缺的一项。

学校可以主动协调当地地震、建设等有关部门，对中小学现有基础设施和建筑物进行抗震性能安全检查指导，发现有安全隐患的校舍设施，应立即停止使用，进行抗震性能加固改造，确保所有校舍达到抗震设防要求，保证师生安全。

教育和地震部门应当建立联合检查机制，采用定期检查与随机抽查等方式，加强对学校防震减灾安全教育与管理工作的指导和检查，按照各项工作要求，督促中小学建立健全应急处理制度，提高学校应对地震突发事件的能力。

另外，可以建立工作责任制，把学校防震减灾知识教育和地震应急演练开展情况纳入日常工作考核。

五、学校安全制度的分阶段管理

学校的安全制度，是针对学校危机发展的各个阶段的具体应对措施，因此依据危机发展的不同阶段，学校的安全制度也可划分为四个方面：危机前的预测工作、危机前的预防工作、危机爆发时期的应对、危机结束期的恢复。

1. 危机前的预测管理

预测管理作为整个学校安全危机处理制度的基点，充分利用现有的信息网络工具和通讯工具，对相关信息全面搜集，及时做好信息搜集后的整理、分析和评估风险工作。搜集处理相关信息，科学、准确、恰当地评估当前学校安全现状。是对未来安全状态进行预测

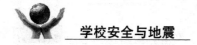

的基础，也是对安全系统提出警示和防范、调控方案的基础。

汶川地震发生以后，校舍坍塌引起了日本政府高度关注，他们把目光马上投向了自己的学校，调查后发现有近四成校舍存在抗震不足问题，针对学校的抗震加固工作随即展开。6 月 14 日在日本岩手县发生了 7.2 级强烈地震，伤亡人数远远低于 5·12 汶川大地震！当然不可否认有震级的原因，但凸显了日本对于信息搜集应对危机的突发性和不可预见性何等重视！

2. 危机前的预防管理

桑枣中学的师生全部生还的奇迹让人们感到一种力量的存在。这种力量来自于这所学校除了曾花钱加固过校舍，更在于重视对师生们的"生命教育"。这些平时不被大多数学校重视的教育内容，在地震发生的那一刻，却比任何教育内容都有价值，正是基于这样的教育，桑枣中学的全校师生才能从容、有序地应对生死考验，最终躲过这场浩劫。为此要做好学校安全安全危机预防管理，应从以下几个方面着手：

（1）建立一个学校灾害预警应急管理机构，作为学校危机管理工作的核心，负责学校危机处理制度的建设和运作。

（2）加强政府与学校的合作与协调。我国的政治体制决定了政府与校际间的联合处理危机能力对于有效减轻各种自然灾害的损失是极为重要的途径。因此，应尽快联合各级政府和学校形成一个全天候、多领域的合作机制。一是政府要充分吸收、借鉴国内外成功经验，帮助学校建立完善的预警系统，在充分协商与合作的基础上共同建立本地区的预警机制，政府在建立健全预警机制的进程中要发挥领导和协调作用。二是各级政府应加强基础设施建设、教育培训、人力资源开发等合作，从根本上提高政府的公共管理能力。

（3）培养危机意识和危机应对能力。教育部门应将生命教育作为必修课纳入到授课内容之中，使其成为学生素质教育的一个重要组成部分。从小培养学生的应急能力和生存能力，提高学生对生命价值的体会和危难中获得生命存续的方法，学校可根据本地区的自然条件设置各种培训基地，如：模拟灾情的"事先预防教育"基地、自护急救培训的"事中处理教育"基地、心理咨询培训的"事后化解教育"基地等。通过不同基地的培训和演习，对本校学生进行生命教育，这不论是从教育层面还是从提高国民素质层面来看都是非常必要的。

3. 危机爆发时的应对管理

中小学的学生是自救能力较差的未成年人。力求在危机损害扩大之前对危机进行及时的控制显得尤为重要。

（1）及时处理既发危机，平缓其造成的冲击。要达到这个目标，要求学校灾害预警应急协调管理机构在极端困难的情况下能为决策者提供准确而必要的信息，决策者依靠这些信息能迅速找到危机要害，及时出击，在最短的时间内遏制危机的冲击。

（2）要注意隔绝危机，避免既发危机的蔓延。隔绝危机的一种途径是通过迅速而有效的危机反应防止危机扩大，另一种途径则是

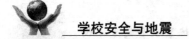

加强媒体管理，以防止不利于危机处理的谣言流传的同时，向受危机冲击者及时发送准确而权威的信息。

（3）避免学生过度恐慌，提高学生应对危机的反应能力。

4．危机结束时的恢复管理

危机包括有形危机和无形危机。有形危机通常指实体的损失。比如，校舍的坍塌、教学设备的损坏、钱财被盗、身体受伤等，这些都是我们肉眼可见，损害程度也易调查，对其恢复相对较易。而无形危机常常是被我们所忽视的，比如，危机对学生心理的影响，学校形象的损害等。这些危机的可见度小，其详情细节通常是无法识别和充分认识的，这对危机恢复工作也带来了难度。学校主要的任务是培养学生，所以学生是最重要的，在这里我们主要是探讨恢复无形危机中对学生心理的影响。

身心尚未发育成熟，耐挫力和心理承受能力较差的学生，常常会表现出恐慌、后怕、怨天尤人、内疚、抑郁等心理。对其心理教育的方法可以从两方面入手：

（1）学校激励。以教育和培训为路径，通过专职心理教师的个别疏导、谈心等形式开导、化解学生的心理负担，培养他们面对现实的信心和决心。

（2）家人关心。家庭成员对危机受害者的心理障碍要给予更多的照顾和理解，通过细致入微的关心，化解危机后的紧张和后怕，学校可邀请家长一同参与危机恢复的有关活动。

第四节　国外地震等安全应急制度一窥

在频频发生的地震等突发性灾害面前，各个国家分别采取不同措施和建立自己的应急防灾机制。以下介绍地震多发国家重点采取的方针。

一、意大利：建立新的抗震法则

在意大利发生了 1976 年弗留利地震、1980 年伊尔皮尼亚地震、1997 年翁布里亚—马尔凯地震和 1998 年波里诺地震后，人们开始大规模展开修复和加固老建筑的行动，同时推行一些震后项目来降低现有建筑所面临的风险。新建立的税收优惠体系大力支持了此类措施。政府于 2001 年引进了这个体系，目的是便于业主改善房屋的抗震性。2002 年 10 月 31 日发生地莫利塞大地震导致许多学生遇难，这一惨痛损失在很大程度上促进整个意大利采取行动，以降低地震风险。人们仅仅在几个月内就完成了新抗震法则的草案并使其进入立法程序。这个法则绘制了新的地震区划图。这是意大利的第一份全国性地震区划图，很多过去没有被列为地震易发区的地方现在也涵盖在了地震带内。

此外，法规还将制定评估与加固现有建筑的详细流程。于此同时，中央政府于 2003 年史无前例地给地方播出专项资金，以帮助它

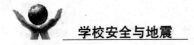

们评估和加固学校及公共设施。在今后几年内，政府还将根据法律条款，逐步完成加固方案。

二、葡萄牙：积极行动

葡萄牙虽然在近几年没有发生地震，但1980年和1997年分别在亚速尔群岛的特塞拉岛和法亚尔岛上发生地强烈地震，造成70人死亡。1755年里斯本大地震以及20世纪以来的多次地震（分别发生于1909年、1941年和1969年）的惨痛记忆激励着葡萄牙人民积极采取降低地震风险的行动。亚速尔群岛地方政府在这方面的工作比较领先，它在政策上加大力度重建和维护现有住房、创建特定的信贷体系（包括地震保险），从而在维持原有建筑特点的基础上对老房子进行加固，采取特别措施来保护生活在高地震风险地区人民的安全，同时对1998年地震中遭到破坏的房屋给予一定补助。葡萄牙地震工程协会已经制定了一个国家计划，来减少易损的建筑结构，这个计划被美国国家地震减灾项目设立为典范。它的内容包括利用住房调查来评估风险、制定和开发干预战略、立法、培训、规划以及修复等。完成这一计划需要25年的时间，成本大约为国民生产总值的1%。与之相关的立法问题包括对设计师进行考核，改善房屋的管理水平，确定何种情况下需要强制推行提高房屋抗震性的规定以及建立税收优惠政策等。

三、土耳其：改善房屋建筑

1999 年在土耳其的科贾埃利和迪兹杰发生地毁灭性地震造成 1.8 万人死亡，造成这场悲剧的主要原因是新建房屋因设计欠妥、管理不善而倒塌。因此近几年人们把注意力都集中在了改善新建房屋（包括重建房屋）的管理上。人们研究了土耳其建筑质量低劣的原因后指出，这完全是由于没有执行与规划体系有关的法律法规，并且缺乏设计监管和施工监理所造成的。这份研究报告还向政府提出了一些建议，其中一些已经被采纳。

推动土耳其开展减灾运动的动力来源于一项科学预测，即在 30 年之内，靠近伊斯坦布尔的北安纳托利亚断层发生强地震（M > 7.5）的可能性达到 60%。有研究报告认为，一旦这个预言变成现实，那么伊斯坦布尔 7.1% 的房屋（5.1 万间）将受到严重损坏，伤亡人数将达 7.3 万人。尽管不是所有地震学家都认同这个预测，但这足以使人们开始考虑伊斯坦布尔面临的地震危险，因为 73% 的伊斯坦布尔市民居住地房屋类型属于科贾埃利地震中受损最严重的房屋类型，而且只有为数不多的房屋达到了令人满意的抗震标准。

伊斯坦布尔的修复工程将采取 3 个步骤来修复其都市区不符合抗震标准的房屋。第一步是通过调查排查出地震危险性最高的房屋；第二步是在一楼进行维度测量，以决定是否需要对该房屋进行修复；第三步是修复地震危险性最高的房屋。对于房屋比较分散的地区来

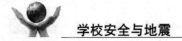

说，政府可以简化房屋的加固干预工作；但对于房屋状况整体较差的地区来说，那就需要在原有地区或新开发的地区开展大规模重建。

四、德国：联动防范

德国的灾害预防机制由多个担负不同任务的机构有机组成。在发生疫情以及水灾、火灾、雪崩等自然灾害时，他们各司其职、协力合作，最大限度地减少灾害所造成的损失和对社会的冲击。

德国重视普及、加强公众防灾意识，在中小学开展灾害预防教育。以预防洪水为例，德国在各州设立洪水预报中心，将洪水预警分为4级，并广泛宣传，向民众解释各级不同的风险程度和相应的预防措施。这样，居民能够根据洪水情况，自行判断危险程度，合理、有序地安排工作与生活。

德国还重视环境管理与生态保护工作。虽然没有单独的"防洪法"，但就防洪工程规划建设和管理、洪水预警、抗洪抢险和灾后救济等不同方面设立具体法规，并指定有关执行部门。抢险救灾工作由德国各州的内政部负责。一旦发生洪灾，首先由消防队员和警察参加抢险。各州抢险力量不足时，可向国家内政部提出申请，经德国总统批准后调联邦国防军参加抢险救灾。

整个救灾工作由该州内政部长统一指挥。如果洪灾涉及多个州，则由这几个州的内政部长相互协调。救灾所需的经费主要由保险公司、红十字会、教会和慈善机构承担，联邦政府承担的部分相当有限。

五、英国：各部门分工合作

英国应急防灾机制由中央和地方共同建立。英国政府各个部门根据自己的工作职责制定了不同的预警防灾体系。一旦发生灾害，英国政府会调动所有应急机制，从陆地、河道和空中提供急救和支援。

英国气象局将"全国恶劣天气预警服务"作为向市民和政府机构服务的一个重点。一旦出现大风、暴雨、暴雪、浓雾和大面积冰霜等灾害天气，英国气象局就会启动预警机制。在警告发出后，该系统会在短时间内，通过因特网、电台和电视台向英国13个区域提供极端天气信息。

在风灾频发的地区，铁路、高速公路和地铁管理部门都设法减少在道路两旁植树，以防恶劣天气到来时树木被刮倒，阻碍交通。2007年冬季，威尔士地区发生洪水，完整的防灾体系帮助政府在短期内控制了灾情，没有造成任何人员伤亡。

六、俄罗斯：紧急情况部管得宽

复杂的自然地貌和社会环境，决定了俄罗斯是个自然灾害和人为灾祸频发的国家。每当有重大事件发生，俄罗斯紧急情况部的人

员总是最先赶到现场。

紧急情况部是俄罗斯几大强力部门之一，它的正式名称是俄联邦民防、紧急情况与消除自然灾害后果部。该部于1994年1月成立，专门负责俄罗斯的民防事业，在发生紧急情况时向受害者提供紧急救助，最大限度地减少灾难带来的不良后果。俄罗斯紧急情况部是俄罗斯效率最高、最忙碌的部门之一，它不仅要负责消灭俄境内出现的禽流感、扑灭远东森林大火，还要向美国新奥尔良灾区提供援助、帮助阿富汗战后重建；一旦俄境内出现恐怖活动，它也必须第一个赶到现场组织救援。

紧急情况部按照紧急情况的种类，设有人口与领土保护司、灾难预防司、部队司、国际合作司等部门，同时下辖森林灭火机构委员会、抗洪救灾委员会等机构。以中心城市为依托，紧急情况部在全国范围内设立了9个区域性中心，负责89个州的救灾活动。每个大区和州都设有指挥控制中心，中心往往设在有化学工厂的城镇。

除了救灾，紧急情况部还要负责教育国民如何应对突发危机。1995年，紧急情况部成立了紧急情况保险公司，在发生紧急情况时向国民提供保险服务。1997年，该部又成立了紧急情况监测和预测机构，对可能发生的紧急情况进行预测并采取预防措施，将危险堵在源头。俄紧急情况部的成立，在很大程度上保证了居民生产、生活的安全。

七、日本：从容面对

近年来，日本成立了"防灾省"，中央政府设有防灾担当大臣，建立了从中央到地方的防灾信息系统及应急反应系统。

首相是危机管理的最高指挥官。内阁官房负责各个部门之间的协调和联络，并通过安全保障会议、内阁会议、中央防灾会议等决策机构制定危机对策，由警察厅、防卫厅、海上保安厅和消防厅等部门具体配合实施。内阁法其中一条规定，内阁官房内必须设有一名"危机管理监"，负责在国民的生命、身体以及财产受到重大伤害，或者面临危害时，处理有关的紧急事务。此外，内阁还要将有关自身的防灾情报在网上公布，供国民查询。

日本还将灾害对策职能转到内阁直属机关，制定了《防灾基本计划》、《地区防灾计划》、《灾难对策基本法》等法律。两年前首相官邸改建时，又增设了现代化的危机管理专用办公室。

八、新加坡：民防看重志愿者

2005年9月被新加坡政府定为国内安全防卫月。在这期间，内政部将在新加坡的各工厂、学校、商业区和住宅区等地组织40多场演习。政府对应急防灾的高度重视及其推行的民防计划，使新加坡具备了较强的抗危机能力。

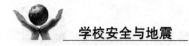

新加坡民防部队作为国家民防计划的一部分，成立于 1982 年，是国家紧急预案处理的先头部队，承担着提供消防、救护、营救、强制执行消防安全法规等一系列职能。它由正式官员、专职国家公务员、民防公务员和志愿者组成，是隶属于新加坡内政部的独立部门。2002 年，民防部队增设了意外指挥和控制总部，可同时处理六起大宗意外事故。新加坡政府规定，一旦遇到重大突发事件，民防部队总监将是第一指挥官。这一职位往往由专家担任，政府各部门要全力配合其工作，遵从他的指挥，提供军队支援、国民动员、物资调配、信息传播、医疗救护等各种支援。新加坡政府各部门之间还建立了完备的网络体系，以保证紧急状态下的资讯共享和畅通。

民防部队在各区的居民委员会都设有自己的民防执行委员，专门负责招收民防志愿者，组成志愿者小组，并协调各项活动。每个在编的民防志愿者，需要学习和掌握急救、运送伤员等各种知识技能。在紧急情况时，他们将负责帮助老弱病残居民转移到安全地点。志愿者小组还定期组织当地居民学习各类应急课程，参观民防部门组织的各项防灾展览，并在民防部门安排下组织人们进行各种应急演习等。

2003 年 9 月起，新加坡民防部队的 4 个民防分区总部利用业余时间，免费为公众提供紧急应变训练课程，公众自愿报名参加。这项活动一直持续到现在，受到民众的广泛欢迎。新加坡政府还于 1999 年建立了专门的民防学院。学院内设有逼真的模拟训练设施，既可以培训各级正规民防人员、专业技术人员，还可以训练民防志愿者。

第五节　国外学校地震安全建设案例

日本和美国加州都是地震多发地区，那里的学校是最坚固和最安全的地方，同时担负着避难场所的作用。那里的学校也曾经脆弱不堪，但在经历了一次次的地震灾难"洗礼"后，学校建筑越来越坚固。它们的一些经验或许值得我们借鉴。

一、日本：学校是最安全的避难场所

学校是儿童和青少年学习生活的场所，是培养人才的摇篮；与此同时，在地震灾害频繁的日本，学校因有较大的活动空间，又是地震时灾民避难的好去处。正因为如此，学校建筑的抗震性能在日本是最受关注的，举国上下都很注意消除学校建筑在抗震性方面存在的隐患。

日本重视学校建筑的抗震性可以追溯到 1923 年关东大震灾，那次特大地震至少夺去了 14 万人的生命，整个东京变成一片废墟。在重建家园的时候，当时的日本政府确立了"学生生命维系着国家的未来"的最高原则，并从第二年开始在法规上规定建筑的抗震标准。在为期数年的重建过程中，东京所有学校都采用钢筋混凝土结构，在当时学校可以说是最坚固的建筑。此后，日本一直按照 1924 年制

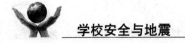

定的抗震标准建造学校，优先考虑抗震性能。

1981 年，日本实施更具科学性的新抗震标准。按照新标准，发生 6 级地震，建筑不会有任何损伤；数十年至一百年才发生一次的大地震，建筑即使出现裂缝，但整个建筑不会崩塌，从而国民的生命安全可以得到保障。日本 1981 年以后建造的学校都符合这一标准，否则就是违法建筑。对以前的学校建筑，日本文部科学省要求尽快利用加固和改建等方法增强抗震性能，必须达到新的抗震标准。

日本很多学校都有着悠久的历史，加固和改建的任务十分繁重。从 2001 年至 2002 年，文部科学省在全国范围内对 1981 年以前建成的学校进行抗震性能检查，虽然只检查了 30% 的学校，但根据检查结果推测，全国可能有 40% 的学校抗震性能达不到新的标准。为此，在 2002 年 10 月文部科学省举行了"推进学校设施抗震化调查研究协力者会议"，要求所有地方公共团体对所辖学校抗震性尽快进行研究，文部科学省根据研究结果于 2003 年制订出了《学校设施抗震化指南》。根据这一指南，日本各地都对所辖的幼儿园、小学和中学进行了抗震诊断，并制订学校设施抗震化推进计划，按照先后顺序，逐年对没有真正达标的学校进行改建和加固，文部科学省每年给予补助。

日本长期重视学校设施的抗震性收到了良好的效果。总体来说，学校建筑都比较气派。虽然有近 40% 的学校达不到新的抗震标准，但按旧的标准建筑的学校也是相当坚固的。近年来，在地震中日本没有出现学校倒塌、学生大量死伤的现象。1995 年 1 月的阪神大地震，虽然部分公立学校受损，但总体来看学校仍是震后最安全的避难场所。由于阪神大地震灾民太多，一下子难以安置，直到当年4月份开学，很多灾民仍呆在学校里，致使神户市很多学校不得不推迟开学。2004年的新潟地震和2008年发生的岩手县地震，瞬间摇晃度均超过了阪神大地震，但学校设施受损并不严重。特别是岩手县地震，尚未出现学校损毁的报道。

中国四川发生大地震后，日本进一步增强了危机意识，因为根据文部科学省2007年4月公布的调查结果，仍有34.8%的学校抗震程度不达标，有6.6%的学校没有实施抗震诊断，究其原因主要是地方财政吃紧。于是自民党、民主党、公明党、社民党、共产党五党6月4日一起研究，一致同意向国会提交《促进学校设施抗震化法案》，用立法的形式，规定各个部门必须实行的义务，把学校抗震化加固工程费用的国家补助部分从1/2提高到2/3，把大规模改建工程费用的国家补助部分从1/3提高到1/2。

日本的执政党与在野党在很多法案上经常打得不可开交，而在《促进学校设施抗震化法案》上却是惊人的一致，这说明在自然灾害等共同威胁面前，日本人的向心力是很强的。

二、美国：七十年老法案造福至今

加州是美国地震发生最频繁的地区，然而加州的学校建筑却是全美国公认最安全的。这完全得益于上世纪30年代加州议会通过的

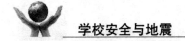

《菲尔德法案》。这一法案对公立学校建筑提出了高于普通民用建筑的防震要求，责成政府部门制订具体的建筑规范并加以实施。

自从该法案颁布以来，在加州发生的数次大地震中，还没有一所公立学校坍塌，更没有地震直接导致师生伤亡的案例。

《菲尔德法案》于1933年4月10日正式颁布，当时距加州长滩发生的一次6.3级地震仅过了1个月。那次地震共夺命115条。地震中有70所学校完全倒塌，120所学校建筑严重受损，另有30所学校的校舍受到轻微损伤。所幸地震发生在傍晚，当时学生已放学回家，因此倒塌的校舍并未造成很大的人员伤亡，但人们还是对学校建筑的大规模坍塌和异乎寻常的受损状况感到后怕：倘若这场地震提前几小时发生，后果将不堪设想。长滩地震使此前有关加州是否需要对房屋进行特殊防震要求的争论宣告结束。公众对于学校建筑在地震中的脆弱表现尤其感到愤怒。于是加州议会在短短一个月的时间内通过了规范公立学校建筑抗震性能的《菲尔德法案》。

该法案强制规定所有的公立中小学和社区学院的校舍在设计和施工中必须考虑抗震功能，授权州政府总务局下属的建筑处制订具体的学校建筑条例，同时负责其执行和监督，对这些条例的违反将构成重罪。

《菲尔德法案》的规定包括：新建学校的建筑设计必须在具有加州执照的建筑师、土木工程师或结构工程师的负责指导下进行，并在通过政府建筑管理部门专业工程师的审核后方可施工，校舍在施工或改造过程中必须接受执法部门的经常性监督，以确保完全符合建筑条例的规定。由于《菲尔德法案》只是对公立学校有效，为了确保在私立学校就读学生的安全，加州立法机构在 1986 年通过了《私立学校建筑安全法案》，对私立学校建筑的抗震功能作出了类似的要求。

由于《菲尔德法案》对校舍建筑抗震性能的要求比当时实施的《通用建筑条例》更为详尽和严格，这使得加州大部分学校建筑的安全性在很长一段时间里远远优于其他民用建筑。直到 1975 年加州议会通过《地震安全法案》以及次年出台新的民用建筑条例，对民用建筑的抗震性能做出规范。由于大多数学校建筑具有良好的抗震性，因此它们常常在地震发生时被用作当地居民的避难场所。

加州地震安全委员会是州政府下属的专门机构，据该委员会执行主任理查德·麦卡锡介绍，历史悠久的《菲尔德法案》至今仍然在确保学校建筑比普通民用建筑具有更强抗震性方面发挥着重要作用。加州地震安全委员会自 1976 年成立以来，在每次较大规模的地震发生后，都会派出工程和地震研究人员对震区内的建筑受损状况进行普查，其中学校校舍是调查的重点。事实证明那些严格按照《菲尔德法案》条例建造的学校不仅保护了师生的生命安全，减少了地震中的财产损失，而且也使校舍的灾后修复成本大大降低。

1994 年 1 月 17 日发生在加州洛杉矶附近北岭地区的 6.7 级地震曾使数以万计的房屋倒塌和大量公路桥梁损毁，但却没有一所学校建筑倒塌。尽管洛杉矶地区大部分学校的校舍经受了这次大地震的

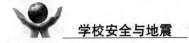

考验，不过仍有大约 10% 的校舍需要在震后进行抗震加固，甚至有两所学校的校舍因为地基出现了严重裂缝而需要推倒重建。北岭地震发生后，加州地震安全委员会在对震区所有学校进行检查后，建议政府对 1972 年之前建造的所有预制混凝土、砖瓦及钢筋混凝土结构校舍进行抗震加固，州及地方政府为此投入了大约 10 亿美元。

三、希腊：震前评估公共设施

过去的 25 年里，希腊频繁发生破坏性地震，其中包括 1978 年的塞萨洛尼基地震、1981 年的科林斯地震、1986 年的卡拉马塔地震、1995 年的埃伊昂地震、1995 年的科扎尼地震和 1999 年的雅典地震。

希腊人民非常关注地震问题。经济的发展也对提高建筑的修建标准起到了一定的促进作用。多数在近期地震中倒塌的建筑都是老建筑，这些建筑是在制定现有建筑标准前修建的，但至今仍在使用。在最近的两年中，一个在震前评估公共设施的框架已经建立起来，并得到希腊国家地震减灾管理局的认可。人们已经意识到，使校舍、医院等公共设施达到令人满意的抗震标准的成本是相当可观的。以塞萨洛尼基的学校为例，成本将等同于未来 6 年内整个地区修建新学校的财政预算，因此人们面对的将是冗长的方案执行过程，也许需要 15 年。

执行过程可分为 3 个步骤。第一步是进行快速肉眼筛选程序并计算抗震指数。第二步是对评分低的建筑进行抗震评估。对于没有通过评估的建筑，将实行第三步的详细评估，最后提出加固的建议。人们曾试图通过对比塞萨洛尼基抗震指数与其 1978 年的实际抗震表现，得出运用快速肉眼筛选程序是有效的，可结果现实这两者的相关性很弱。尽管如此，钢筋混凝土建筑的平均修复成本随着抗震指数的提高而降低的趋势是显著的。

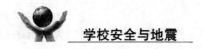

后　记

　　通过对学校在地震中的安全的各个方面进行梳理后，我们发现在保障学校安全的道路上依然任重道远。除了要做好地震安全教育工作，学校在地震预防上提高自身的水平，健全保证学校建筑安全的制度，保证防震安全演练的有效进行之外，我们还有许多要做，就是这些工作内容本身，我们也还都有提高和需要充实的地方。安全是无止境的，追求学校在地震中的安全也没有尽头，正所谓"没有最安全，只有更安全"。

　　汶川地震发生以后，举国悲恸，汶川地震让我们真切地感受到地震的巨大破坏性，也悲痛地发现学校安全及安全教育的重要性。出于对死者的缅怀，同时也为了让生者更好地活下去，保证地震中的学校安全成为国人一致的想法。出于同样的考虑，笔者编写了这本《学校安全与地震》，希望能为震后学校的安全出一份力，让学校里的师生少一些苦难。

　　本书涉及很多地震和其他方面的专业知识，由于编者水平有限，难免存在各种错误和纰漏，欢迎广大读者批评指正。另外，本书在编写过程中参考了大量前人的资料和研究成果，在此表示感谢。